Rêvez, osez, créez…

et recommencez !

Édition: Laura El Makki
Création graphique: ABM Studio
**Préparation de copie
et relectures:** Alice Breuil
Photogravure: Quadrilaser

editions.flammarion.com
partenariats@flammarion.fr
ISBN: 978-2-08-046223-7

N° d'édition: 641309
Dépôt légal: novembre 2024
Achevé d'imprimer en octobre 2024
par Norprint, Portugal

FSC
www.fsc.org
MIXTE
Papier | Pour une gestion forestière responsable
FSC® C158978

Rêvez, osez, créez…

Textes
Sarah Poniatowski
Anne-Sophie Leroux

Illustrations
Hubert Van Rie

et recommencez !

Flammarion

À mon père.

Démarrer

Entreprendre

Prendre soin

Créer

Transmettre

Avant-propos

En 2002, j'ai fondé Maison Sarah Lavoine, l'entreprise que je dirige aujourd'hui. En 20 ans d'entrepreneuriat, j'ai compris une chose : rien ne se passe jamais comme prévu.

J'ai étudié la psychologie et la philosophie, je suis devenue architecte d'intérieur ; je voulais devenir comédienne à Broadway, j'ai aujourd'hui 19 boutiques et 150 salariés. On ne sait pas ce qui nous attend. Je sais, en revanche, que la précision d'un business plan compte moins que la sincérité, la curiosité et le goût de l'effort. Que la persévérance est la clé et que la joie ne nuit pas !

L'entrepreneuriat a profondément changé ces dernières années. D'un côté, on peut lancer une marque avec un simple compte Instagram, de l'autre, tout peut s'arrêter du jour au lendemain. Pour naviguer dans ces eaux agitées, il faut donc quelques repères et être bien accompagné(e).

Je ne suis pas là pour donner de grandes leçons ou détailler chaque étape de la vie d'une entreprise. Dans les pages qui suivent, je confie simplement ce que j'ai traversé et les enseignements que l'on peut en tirer. Ce livre rassemble donc en 40 chapitres toutes les questions que je me suis posées : comment se lancer quand on n'a pas de formation, pourquoi il est primordial de bien s'entourer, pourquoi il faut changer d'avis et prendre des risques, quelles sont les clés pour être à la fois mère et cheffe d'entreprise, comment placer la relation aux autres au cœur de ses journées. Je livre aussi quelques conseils pour développer sa créativité et trouver de l'inspiration tout autour de nous. Il ne s'agit pas de raconter mon parcours, mais d'en construire le sens et de le partager avec vous.

Ce livre s'adresse à toutes celles et ceux qui s'interrogent sur leur avenir professionnel, qui ont envie de monter un projet ou de changer de cap. Chacun a son histoire, son chemin de vie et sa façon de faire. On ne part pas du même endroit, tout le monde a des qualités et des atouts particuliers mais une chose nous unit : l'envie de créer, de transmettre et de progresser. On essaie, on se trompe, on apprend et on avance ! Ce livre est destiné à celles et ceux qui veulent trouver de l'élan, qui veulent passer d'un « et si… » à un « et donc. » Il n'est ni une autobiographie ni un livre de décoration. C'est un compagnon de route à glisser dans un sac, à laisser sur son bureau ou à offrir à ses ami(e)s. À lire en une fois ou en mille.

Entreprendre, c'est une conversation permanente entre l'imaginaire et la réalité. Il faut rêver, oser, créer… et recommencer.

Démarrer

« Toutes les aventures,
surtout en territoire inconnu,
font peur. »

Sally Ride, astronaute.

IL N'EST PAS NÉCESSAIRE D'AVOIR UNE VOCATION

À 5 ans, je grimpais dans les arbres et rêvais d'être l'assistante d'un magicien, pas de décorer des hôtels et de construire des maisons. Pour moi, le métier d'architecte d'intérieur était loin d'être une vocation: il a pris de la place dans ma vie comme certaines relations, progressivement et naturellement.

J'ai commencé à le faire chez moi: je n'ai laissé aucun de mes appartements tranquilles. Je repeignais les murs, déplaçais les tapis et, une fois que j'avais tourné tous les meubles, je changeais d'adresse. J'ai déménagé presque tous les ans. En moins de vingt-quatre heures, les cartons étaient vides et les cadres accrochés. Je m'installais partout mais ne me posais nulle part. Il fallait que j'aménage tout le temps de nouveaux espaces. Mon appartement ne me suffisait jamais, il m'en fallait toujours plus.

À force de le faire pour moi, j'ai eu envie d'apprendre à le faire pour les autres. Et très vite, j'ai compris que je voulais devenir décoratrice d'intérieur. C'est une des meilleures décisions de ma vie.

Avec le recul, j'ai la certitude que lorsque l'on veut se reconvertir ou lancer une nouvelle activité, il est important d'identifier ce que l'on fait spontanément pour soi et qui pourrait être utile aux autres. Et d'explorer cette voie. Si vous voulez vous lancer, réfléchissez: quels sont vos centres d'intérêt, vos passions, que faites-vous spontanément quand vous avez un peu de temps libre?

Tout le monde n'a pas la chance d'avoir une vocation, mais vous pouvez vous appuyer sur ce qui vous motive, vous transporte, vous anime. C'est la première étape pour démarrer votre projet.

SE FORMER AUPRÈS D'EXPERT(E)S

Comme je n'ai pas suivi de formation, il a fallu que j'apprenne mon métier autrement, auprès des meilleurs architectes d'intérieur. Et l'experte, je ne suis pas allée la chercher très loin: c'est ma mère.

Depuis ma plus tendre enfance, j'ai baigné dans son univers, sans m'y intéresser vraiment, mais j'ai forcément développé une sensibilité particulière aux beaux objets, aux harmonies, aux matières. J'ai donc accompagné ma mère pendant deux ans.

Il n'est pas toujours facile de travailler en famille, mais avec elle, on marche droit. Elle m'a beaucoup apporté, beaucoup appris, et comme elle exerçait ce métier depuis longtemps, elle avait de vraies bonnes équipes, du plombier au menuisier – des hommes surtout, car les chantiers sont des univers très masculins. Elle les connaissait depuis de nombreuses années et ils m'ont tout de suite fait confiance et respectée.

En la regardant faire, j'ai gagné du temps. Et j'ai pu mesurer combien nouer des liens avec des artisans compétents est essentiel sur un chantier. Dans tous les métiers, avoir de bons partenaires compte autant qu'avoir de bonnes idées. Les leçons de ce compagnonnage m'ont évité de faire des erreurs et me sont toujours utiles aujourd'hui. Peu importe votre domaine d'activité, si vous avez la possibilité de travailler auprès d'experts, d'apprendre auprès d'eux, faites-le.

Même si cela retarde le lancement de votre entreprise, apprendre auprès des meilleurs est une chance, jamais une perte de temps. Vous acquerrez de l'expérience et de bonnes habitudes.

ACCEPTER DE NE PAS SAVOIR TOUT FAIRE

Si vous manquez de compétences, ce n'est pas grave. Moi, par exemple, je ne sais pas dessiner. Quand j'ai une idée en tête, je dois la faire retranscrire par ceux qui savent se servir d'un crayon.

Difficile de traduire une idée créative par des mots et des gestes: c'est long et frustrant… alors que j'aime que tout aille vite et que je déteste ne pas être autonome. Mais il y a tout de même un bénéfice majeur: j'ai dû compenser cette faille par le talent des autres.

Je me suis donc entourée d'une équipe de designers et d'architectes fantastiques qui dessinent, décryptent, et dont les idées font progresser les miennes. Passées entre leurs mains, les collections n'en sont que plus réussies. Je n'ai pas eu la formation des élèves des écoles d'arts appliqués dont j'admire chaque année la créativité et la technique, mais cela ne m'empêche pas de travailler, d'inventer et d'apprendre tous les jours.

Manquer d'un ou de plusieurs savoir-faire ne doit jamais vous dissuader de lancer un projet. C'est un frein, pas un mur infranchissable. Il faut simplement faire appel à celles et ceux qui savent et peuvent vous aider. À l'inverse, même si elles n'ont aucun lien avec votre métier, toutes les formations que vous avez suivies ou les études que vous avez faites se révéleront précieuses.

Mes cours de psychologie, de philosophie et de théâtre m'ont par exemple permis de comprendre les motivations d'un client, des désaccords sur un chantier, de composer avec les imprévus ou de parler en public.

On a toujours des connaissances et des capacités sur lesquelles s'appuyer. Tout a une raison d'être; tout peut aider, tout peut servir.

Être autodidacte n'empêche pas d'exceller. Il faut simplement savoir bien s'entourer et chercher sans cesse à apprendre. Et il n'est jamais trop tard pour retourner à l'école si vous en avez l'envie… et le temps!

LE SYNDROME DE

L'IMPOSTEUR

Créer, entreprendre, c'est aussi apprendre à vivre avec le syndrome de l'imposteur. Les femmes connaissent bien cela, et les femmes autodidactes encore plus : c'est cette tendance que l'on a toutes à douter de notre légitimité.

Pas d'inquiétude si vous ne maîtrisez pas l'art du business, les plans stratégiques ou encore tous les secrets du marketing. L'important est d'avoir une ambition forte et beaucoup de passion pour défendre un projet et le faire grandir durablement.

On ne sait jamais où cet élan initial peut nous mener. Il y a dix ans, je n'aurais jamais cru que je bâtirais une entreprise aussi grande. Avec le temps et le succès, le sentiment d'imposture s'éloigne, mais une forme de vulnérabilité perdure. Le regard des autres importe toujours – cela dit, peut-être l'aurait-il été tout autant si j'avais fait de grandes études, c'est une question de tempérament.

Le syndrome de l'imposteur nous tourmente alors qu'il ne se fonde que sur des hypothèses et des spéculations. La parade ? L'action.

Que vous vous en sentiez capable ou non, si vous avez déjà parlé plusieurs fois de votre projet avec conviction, lancez-le. Si vous avez un entretien pour le job de vos rêves, foncez, même si vous n'avez pas toutes les compétences. Vous apprendrez le reste en chemin.

SE CONNAÎTRE ET SE FAIRE CONFIANCE

Je viens d'une famille de femmes fortes, libres, autonomes et courageuses. Toutes les femmes qui ont fait partie de mon enfance travaillaient, même mon arrière-grand-mère. Certaines ont eu le courage de prendre leur vie personnelle en main à une époque où l'indépendance était réprouvée.

Avoir des modèles fait toute la différence. Grâce à cela, j'ai pu suivre ce chemin très naturellement. C'est une force et un privilège. Je me suis construite avec l'idée que le fait de ne pas être un homme ne m'empêcherait pas d'accomplir ce que j'avais envie d'accomplir.

Les femmes gèrent mille choses à la fois, surmontent mille obstacles, au bureau comme dans leur vie personnelle. Je ne me suis jamais considérée comme inférieure parce que j'étais une femme, bien au contraire. Je n'ai pas peur de me planter. J'ai des angoisses, je ne dors pas de la nuit, mais j'y vais, je fonce!

Je sais que je suis impatiente et qu'il faut parfois que je fasse attention au rythme que je m'impose et que j'impose aux autres. J'aime la vitesse. Ce qui me fait courir, c'est ma curiosité, mon appétit, mon envie de découvrir et de voir tout ce qui m'entoure. C'est un atout.

Puisez dans ce que vous accomplissez chaque jour en tant que femme toute l'assurance dont vous avez besoin. Allez chercher les modèles qui vous donnent de la force. Il faut toute une vie pour bien se connaître. Commencez par aimer vos qualités et vous aurez de quoi tout affronter.

« Commencez par aimer vos qualités et vous aurez de quoi tout affronter. »

BIEN CHOISIR SON PREMIER CLIENT

J'ai travaillé pendant deux ans pour un architecte. Nous étions indépendants et mettions en commun nos compétences, lui en architecture, et moi en décoration. Nous avions le même goût, le même style, j'aimais travailler avec lui.

J'ai commencé toutefois à ressentir beaucoup de frustration. Les chantiers, c'est difficile et les retards compliquent les relations. Il était sans doute temps de monter ma propre boîte.

À l'époque, j'avais un gros contrat à venir. L'occasion rêvée pour lancer ma propre entreprise. Sauf que le client voulait tout pour la veille et changeait sans cesse d'avis alors que nous ne nous étions même pas encore rencontrés. Le chantier s'annonçait infernal.

L'architecture d'intérieur était à ce moment-là ma seule activité, et un appartement ou une maison ne se font pas en deux jours: une relation intime et longue doit se nouer pour bien comprendre les attentes du client, trouver les bonnes réponses, jouer l'intermédiaire avec les prestataires et faire face aux imprévus.

Je me suis dit que je n'allais pas pouvoir commencer par un cauchemar, alors j'ai renoncé à ce contrat. Je me suis retrouvée avec une société, mais sans client et sans argent!

Je ne regrette pas cette décision, même si elle a été difficile à prendre. Il est toujours difficile de dire non, surtout quand on se lance. Mais, dans beaucoup de métiers, la réussite est fondée sur la recommandation, le bouche-à-oreille et la confiance. Une première collaboration qui se passe mal peut donc vous mettre en danger pour la suite.

Quand on sent que c'est mal parti, il faut s'écouter et savoir renoncer. Mieux vaut un petit client avec lequel tout se passe bien qu'un gros client qui met en péril votre développement.

GRANDIR PROGRESSIVEMENT

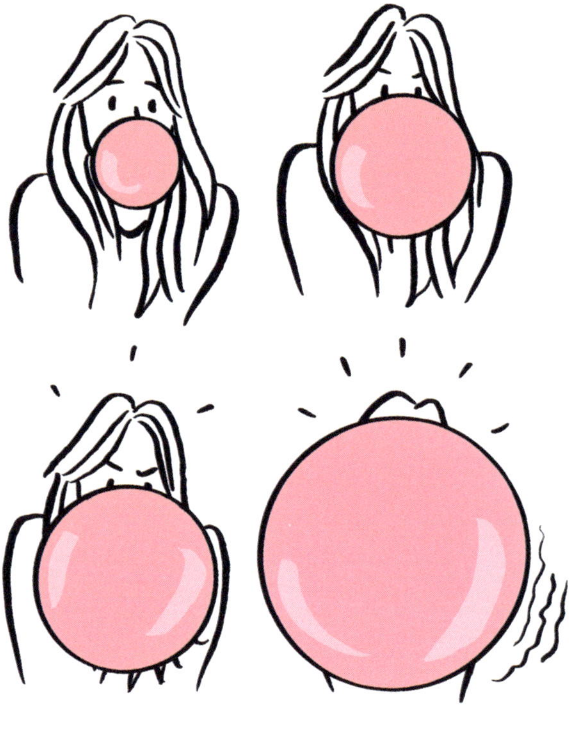

Quand les affaires commencent à marcher, on peut avoir envie de croître le plus vite possible, d'accepter davantage de projets et de recruter une plus grande équipe.

Pourtant, il faut retarder cette croissance le plus longtemps possible. Grandir, c'est formidable, mais cela a un coût : on perd en spontanéité, en agilité, en souplesse.

Quand j'ai débuté, je chinais à droite, à gauche. Je faisais les prototypes d'un canapé, d'une table, sans me préoccuper de ce qui allait se passer ensuite. C'était un joyeux bazar : j'avançais sans projet fixe, sans business plan, sans plan de collection. J'étais une créatrice avant d'être une cheffe d'entreprise.

Mais en développant mon activité, j'ai dû mieux structurer les choses et assumer les deux fonctions. J'ai encore du mal à m'y faire. C'est une course non-stop, il est impossible de revenir en arrière, impossible de savoir où l'on va. Il faut sans cesse s'adapter.

On peut être amené aujourd'hui à renoncer à des fabricants qui n'ont pas la capacité de fournir les volumes dont on a besoin, ou attendre deux ans avant de trouver le fournisseur qui saura fabriquer le produit tel qu'on l'a conçu. On doit penser aux ventes, aux stocks, et toujours avoir en tête les enjeux économiques derrière la création.

Quelle que soit l'entreprise que vous développez, ayez à l'esprit que grandir est une chance, mais aussi un risque : celui d'abandonner une part de votre insouciance.

Parfois, le plus important n'est pas de grandir, mais de préserver sa liberté, sa légèreté et de garder intact le plaisir de créer. Il ne sert à rien d'aller trop vite.

TROUVER SON ASSOCIÉ(E)

Mon premier binôme était mon alter ego créatif : Florent était un jeune architecte d'intérieur et nous aimions les mêmes choses. Je l'avais embauché alors qu'il venait d'être diplômé et ensemble, nous avons mené tous les chantiers de front.

Mais après plusieurs années à la tête de mon studio, je ne m'en sortais plus du tout. Tout en travaillant sur des concepts créatifs avec Florent, je m'occupais des factures et des dossiers administratifs sur un coin de bureau.

La double casquette de créatrice et de cheffe d'entreprise est enrichissante quand on est accompagnée, mais tellement accablante quand on est seule ! Il me fallait un associé qui ne soit pas un créateur mais un dirigeant. Il n'y a eu ni événement marquant ni déclic, mais le sentiment que l'entreprise ne grandirait que si nous étions deux à la porter.

Il ne me fallait pas seulement une personne à consulter avant de prendre des décisions importantes ou pour explorer de nouveaux domaines d'activité, j'avais besoin de quelqu'un avec qui partager les risques, les victoires, les coups durs et les responsabilités. Restait à le trouver.

J'en ai parlé à mon entourage et on m'a recommandé de rencontrer celui qui allait devenir mon associé : Édouard Renevier.

Prenez le temps d'évaluer si vous avez vraiment besoin d'un associé. Si vous sentez que le moment est venu pour l'entreprise de diriger à deux (ou plus), faites-le savoir autour de vous.

Une association réussie exige de bien s'entendre professionnellement et personnellement : ceux qui vous connaissent bien seront certainement de bon conseil.

...

La première entrevue avec mon futur associé a été mouvementée. Dès les premières secondes, Édouard a renversé un grand verre d'eau sur toutes mes factures. Depuis, il m'inonde d'idées, et en dix ans il n'a fait que simplifier ma vie professionnelle et lui donner de l'ampleur.

Un point a dû être réglé avant qu'il me rejoigne: Édouard dirigeait un site internet qu'il avait à cœur de faire vivre, mais il me fallait quelqu'un à temps plein. Tout a été très clair dès notre première conversation: aucun aménagement n'était possible à ce sujet. Pour un poste de directeur général, l'engagement doit être total et l'attention entière.

Au cours des dix dernières années, nous avons partagé le même bureau, passé nos journées ensemble, appris à nous connaître, et aujourd'hui nous nous comprenons en un regard. Comme avec Florent, mon premier binôme, il peut finir mes phrases dès que je les commence. Nous nous stimulons mutuellement et nous nous faisons une confiance absolue.

Il nous arrive rarement d'avoir des désaccords mais si cela arrive je pense alors à la phrase de Patti Smith à propos de Robert Mapplethorpe dans *Just Kids* (Gallimard, 2017): «J'ai appris de lui que la contradiction est souvent le chemin le plus clair vers la vérité.» Nous avons le même goût et le même sens du style, ce qui rend les décisions très fluides. Et puis nous rions beaucoup, ce qui est aussi rare qu'indispensable.

Nos compétences sont complémentaires: Édouard est un gestionnaire et un développeur, je suis une créatrice. Mais je sais lire un business plan, et il s'intéresse aussi à la création d'une collection. Sans lui, la marque ne se serait pas développée aussi rapidement et nous n'en serions pas là aujourd'hui. Il veut autant de bien que moi à la Maison Sarah Lavoine. Il considère cette entreprise comme la sienne.

Si vous devez un jour trouver un associé, cherchez quelqu'un qui vous comprend sans vous ressembler. Valorisez la contradiction, la différence, la complémentarité. Et vous trouverez votre Édouard.

Entre-
prendre

« Le succès, c'est vous aimer
vous-même, aimer ce que vous faites
et aimer comment vous le faites. »

Maya Angelou, poétesse.

CRÉER UNE MARQUE

En quelques années, je suis passée de décoratrice indépendante à créatrice de marque, du Studio Sarah Lavoine à Maison Sarah Lavoine.

Nous avons commencé par ouvrir un premier showroom, qui était aussi mon bureau, où l'on exposait nos produits – canapés, bibliothèques, tables –, tout ce que nous concevions pour des chantiers privés et qui restait jusqu'ici invisible. Nous avons créé une identité forte qui s'est étendue, au-delà de l'architecture d'intérieur, à tout ce que l'on trouve dans une maison, du mobilier au prêt-à-porter.

Mais l'identité, c'est aussi et surtout le nom. J'avais le choix entre Poniatowski et Lavoine. Le premier est un très beau nom, lié à un maréchal de France, au dernier roi de Pologne, mais aussi à la vie politique française. Un peu lourd à porter pour une marque de décoration… Sarah Lavoine, qui était mon nom à l'époque, me semblait plus adapté. Mais la vie est pleine de surprises et il se trouve qu'il a cessé d'être le mien. La marque continue à porter ce nom que j'aime et a maintenant sa vie propre, mais je me permets un conseil: ne changez pas votre nom, mesdames!

Je pense même qu'il vaut mieux éviter de donner son nom à son entreprise car il est difficile de s'en défaire, et perturbant de la vendre. Mais toutes les marques nécessitent d'être incarnées par leur créateur ou leur créatrice même si toutes ne le sont pas autant que la nôtre.

Trouver le nom de sa marque est une étape primordiale. Il est important de réfléchir à tout ce qui peut lui arriver avant de le déposer.

…

Pour faire vivre une marque, il faut imposer sa singularité: être sincère, affirmer son style avec un grand sens du détail, trouver le juste équilibre entre la qualité, le prix et l'image que l'on renvoie et enfin, se renouveler sans cesse.

Chez Maison Sarah Lavoine, nous avons une marque dans la marque: le «bleu Sarah». Ce bleu, c'est lui qui m'a choisie. Il tire son origine de la couleur des saris de femmes indiennes que j'ai pu observer entre Jaïpur et Delhi. Quand nous avons créé le logo Sarah Lavoine, avant la création de Maison Sarah Lavoine, nous avons testé ce bleu vintage dans une pastille ronde. Pour moi, ce fut immédiat: c'était à l'évidence la couleur identitaire de l'entreprise.

Petit à petit, elle s'est imposée un peu partout: dans les assiettes, le mobilier et la gamme que nous avons développée avec la marque de peintures Ressource. Nous avons décidé que cette couleur était désormais la mienne et qu'elle devait s'appeler le «bleu Sarah». C'est une couleur magique, jamais triste, qui cache ce qu'il y a à dissimuler et souligne ce qu'il y a à mettre en valeur. Elle peut se démoder, elle restera mon bleu.

Tout peut être déposé et vous aidera à construire et à faire connaître votre entreprise: un nom, une formule, une couleur. Restez au plus près de vos valeurs, de vos goûts et de vos intuitions. Une marque forte est une marque qui vous ressemble.

« Une marque forte est une marque qui vous ressemble. »

CRÉER DE LA VALEUR

C'est le fil rouge de nos actions et la juste obsession de mon associé Édouard. Selon nous, créer de la valeur consiste à se poser beaucoup de questions au sujet de tout ce que nous concevons et au sujet de la façon dont nous le faisons.

Si nous imaginons un objet, il doit être encore plus abouti que ceux que nous avons fabriqués jusqu'ici; si nous lançons une nouvelle activité, elle doit apporter quelque chose à celles qui existent déjà; si nous ouvrons un lieu, il ne doit ressembler à aucun autre. Nous ne procédons jamais de la même façon, c'est une discipline quotidienne qui doit être adoptée par chaque membre de l'équipe. Créer de la valeur, c'est un mélange d'innovation, de progrès et d'utilité.

Dans la vie d'entrepreneur(e), il y a des évidences et il y a des hésitations. Toutes les envies méritent d'être écoutées, mais pas toujours suivies.

Quand vous tergiversez, vous pouvez vous poser ces 3 questions: ce que j'envisage de concevoir, fabriquer, proposer va-t-il, d'une quelconque manière, améliorer la vie de mes clients? Est-ce la première fois que je le fais de cette façon? Suis-je le (la) seul(e) à le faire aussi bien? Si vous obtenez trois «oui», c'est le moment de vous lancer.

RENTABLE, OUI, MAIS PA$ À TOUT PRIX !

L'argent est une préoccupation de plus en plus centrale dans la vie quotidienne de l'entreprise.

Comme l'explique Phil Knight, le fondateur de Nike, dans son fabuleux livre *L'Art de la victoire* (Hugo Poche, 2018), tout peut basculer à chaque instant. Sa société s'est retrouvée au bord de la faillite à plusieurs reprises, même quand elle réalisait des records de vente et était promue par les meilleurs sportifs du monde.

Avec l'argent, on n'est jamais tranquille. Plus l'entreprise croît, plus l'argent devient une obsession: quand j'étais seule ou quand nous étions deux, le pire aurait été de ne plus avoir de clients, de perdre l'entreprise et donc notre indépendance. Le pire était supportable. Aujourd'hui, 130 personnes travaillent pour Maison Sarah Lavoine donc la désinvolture est interdite et l'audace doit parfois laisser place à la raison.

Pas question toutefois de laisser la rentabilité tout gouverner. Il faut être raisonnable sans devenir conservateur. Ne pas oser, c'est déjà perdre. Nous consacrons donc environ 10% de notre activité à des projets qui ne sont pas financièrement les plus rentables mais qui sont bénéfiques à l'image de l'entreprise, à l'énergie dans l'équipe et à l'innovation. C'est encore insuffisant, mais c'est l'équilibre que nous avons trouvé entre la préservation de l'entreprise et des emplois d'un côté, et de l'autre, l'appétit pour la nouveauté, la créativité et la témérité.

Gardez autant que possible un peu d'argent et de temps pour des coups de cœur, des intuitions, des certitudes irrationnelles. Ils sont là aussi, les moteurs de votre projet.

SE DIVERSIFIER SANS SE DISSOUDRE

Au début, il me semblait évident de devoir diversifier notre gamme pour proposer tout ce que l'on pouvait trouver dans une maison.

Nos showrooms étaient conçus comme des appartements, avec une cuisine, un dressing et tout ce qu'il fallait pour qu'on s'y sente bien. Les collections de prêt-à-porter, d'art de la table, de linge de maison sont nées tout naturellement, comme la suite logique de ce que nous faisions pour des particuliers. Atout complémentaire, cette diversification nous a permis de développer l'accès aux produits de la Maison Sarah Lavoine. Aujourd'hui, on peut se faire plaisir en s'offrant une bougie sans forcément refaire toute la décoration de son salon.

On peut diversifier sa gamme mais aussi ses activités. Construire des maisons me passionne de même que créer des lieux pour des entreprises. C'est parfois s'attaquer à des dizaines de milliers de mètres carrés – comme nous l'avons fait pour L'Oréal Luxe. Mais même avec des projets fantastiques et des équipes d'enfer, j'ai failli arrêter plusieurs fois. Diversifier mes activités m'a alors permis de relativiser certaines situations et de ne pas concentrer toute mon énergie dans un seul domaine. Soudain, les journées sont remplies par d'autres projets, d'autres conversations, d'autres enjeux. Non seulement c'est stimulant, mais on gagne en sérénité et en liberté.

C'est aussi un cercle vertueux : quand nous dessinons du mobilier pour un chantier, nous l'adaptons ensuite pour pouvoir l'intégrer à nos collections, et inversement. Se diversifier, c'est créer de nouveaux liens avec vos clients et ouvrir un nouvel horizon à vos équipes et vous-même.

Et puis, la diversification peut paradoxalement renvoyer une image plus claire de votre marque : on définit ses contours, on affiche une identité commune, on détermine ce qu'on fait et ce qu'on ne fait pas, on est mieux compris. Même si, parfois, les clients pensent à tort qu'on ne peut pas en sortir.

Édouard et moi l'avons constaté : la marque *lifestyle* peut peser sur la vie du studio d'architecture. Certains clients imaginent qu'en travaillant avec notre studio, ils ne se retrouveront qu'avec du mobilier, des objets et des couleurs Maison Sarah Lavoine. Au contraire ! Nous choisissons en permanence des modèles d'autres marques que la nôtre : je chine aux Puces, je déniche sur un site des meubles d'une petite marque anglaise, un fauteuil chez un fabricant danois… Je peux même concevoir des lieux tout en noir et blanc qui n'ont rien à voir avec l'univers de nos produits. Tout est réalisé sur mesure, nous ne faisons jamais deux chantiers de la même façon.

Se diversifier est une chance et presque une obligation. Il faut cependant veiller à bien communiquer pour se faire connaître sans se laisser enfermer.

S'ÉTENDRE SANS SE PERDRE

Quand tout se passe bien en France, on a envie d'aller où ? Partout. L'idée n'a jamais été d'ouvrir une boutique à chaque coin de rue, mais de trouver notre place dans d'autres pays.

Nous avons beaucoup de points de vente internationaux, de Bruxelles à Tokyo.

Le marché de l'architecture d'intérieur et de la décoration n'a rien à voir avec celui de la mode : il n'y a pas de mondialisation. Chaque marché est différent : le Japon est sensible à la culture et à l'art de vivre à la française ; les États-Unis au côté intemporel de la marque. On essaie, on s'adapte, on apprend. C'est donc une affaire de rencontres, de voyages et d'opportunités.

S'étendre à l'international n'est pas facile et certains blocages sont inexplicables. Il faut d'abord être très (très) solide en France, avoir des moyens colossaux pour se faire connaître et trouver les bons partenaires, les bons agents qui connaissent par cœur le pays dans lequel vous voulez vous implanter. Parfois, il est plus judicieux de travailler avec des revendeurs ou de tester le marché local avec son e-shop. On peut avoir envie de voir sa marque partout dans le monde mais il faut prendre de grandes précautions et faire preuve de beaucoup de détermination.

Le déploiement international doit être votre priorité si vous voulez y arriver. Rien n'est acquis, on ne peut pas être partout et on ne peut rien faire à moitié. Là aussi, les risques sont trop importants pour se précipiter. Il faut être lucide et prudent(e). N'oubliez pas que votre marque peut rencontrer un grand succès sans être présente sur trois continents.

CONSTRUIRE LA BONNE ÉQUIPE

Hormis la ponctualité, un critère de recrutement me paraît fondamental : le goût de l'effort. C'est ce qui soude une équipe – c'est aussi ce qui nous unit, Édouard et moi.

Il faut également faire confiance à sa première impression : j'ai déjà eu un coup de cœur pour une candidate qui n'avait pas du tout le profil recherché, mais j'ai insisté et nous l'avons embauchée. Elle est aujourd'hui un des piliers de la maison. À l'inverse, certains recrutements sont très enthousiasmants et se révèlent décevants. On peut alors se sentir un peu trahi. Il arrive aussi qu'après des débuts compliqués, tout s'arrange et que les liens en sortent renforcés. La plupart du temps, mon intuition est fiable. Et plus je recrute, plus je l'aiguise.

Le plus important est que, une fois en place, l'équipe reste. Bien que l'on conseille souvent le contraire, je mets beaucoup d'affect dans les relations professionnelles. J'essaie d'être proche de mes collaborateurs, mais plus l'équipe grandit, plus il est compliqué de maintenir un lien avec tout le monde et d'avoir des rapports libres et spontanés (et d'être invitée aux verres de fin de journée !). Édouard a souvent le mauvais rôle : c'est lui qui dit non, qui rappelle nos contraintes, qui cadre les envies. Moi, je suis plutôt celle qui dit oui.

C'est aussi lui qui consacre une grande partie de ses journées à fluidifier la communication, à fixer les priorités des équipes quand on déborde d'activités et à faire en sorte que nos projets suscitent un maximum d'enthousiasme. Nous souhaitons que tout le monde se sente à la bonne place.

Mais comme dans toutes les entreprises, l'épidémie de Covid-19 a aggravé l'instabilité des équipes. Beaucoup de gens ont voulu quitter Paris pour changer de vie. C'est compréhensible et on ne peut que s'en réjouir, mais désormais trouver les bonnes personnes est une des choses les plus difficiles de l'entrepreneuriat. La question n'est pas de savoir quelle entreprise vous allez créer mais avec qui vous allez le faire.

Faites-vous confiance et fiez-vous à votre intuition pour recruter l'équipe qui vous convient sur le plan professionnel et humain. S'il vous est difficile de voir partir certains collaborateurs u collaboratrices, c'est la preuve que vous avez fait le bon choix au départ. Et préparez-vous à recruter dès que vous entendez « il faut qu'on parle »...

TROUVER LES BONS ARTISANS

C'est une des premières leçons que j'ai apprises : seul, on ne fait rien. Les artisans sont essentiels au développement de Maison Sarah Lavoine.

C'est un travail permanent que de dénicher le petit artisan parfait pour faire trois tables et celui qui saura en fabriquer mille sans altérer la qualité.

Nous n'avons pas attendu la pandémie de Covid-19 pour faire attention à notre planète, pour privilégier les circuits courts et produire le plus possible avec des artisans français, parce que nous avons dans notre pays un savoir-faire et les meilleurs talents. Nous sommes aujourd'hui confrontés à un nouvel obstacle : les concurrents qui ont rapatrié leur production en France ou en Europe, chez les fabricants auxquels nous faisons appel depuis longtemps. Cette relocalisation progressive est une bonne nouvelle pour les usines (et l'environnement), mais elle allonge les délais de production.

Les volumes importants nous limitent également et la flexibilité à laquelle j'étais habituée avec de petites quantités n'est pas facile à trouver. J'avais un artisan avec lequel j'adorais travailler : il débarquait en bas de nos bureaux avec une carcasse de canapé dans un coin de son camion. Comme je ne sais pas dessiner, je parlais avec les mains : « pas assez profond », « pas le bon angle », « trop dur », « trop moelleux »... Il comprenait tout et arrivait à fabriquer ce que j'avais précisément en tête. Il a pris sa retraite et me manque beaucoup.

Trouver les bons artisans prend du temps. Il ne s'agit pas seulement de trouver un savoir-faire, il faut aussi construire une relation de confiance et une compréhension mutuelle avec des personnes qui vous permettront de grandir et qui pourront suivre votre rythme.

TROUVER LES BONS PARTENAIRES

Compte tenu de la diversité de nos activités, nous ne pouvons pas tout faire seuls. Pour la peinture par exemple, nous sommes associés à la maison Ressource qui maîtrise mieux que personne (et surtout bien mieux que nous) ce métier.

Grâce à la complémentarité de nos savoir-faire et notre obsession commune pour la perfection, nous proposons depuis plusieurs années une collection de peintures dont nous sommes très fiers.

Pour les collaborations ponctuelles, il y a en revanche deux types de partenaires: ceux pour lesquels vous avez un coup de cœur et ceux qui porteront votre marque grâce à leur notoriété, leur puissance et leur image. Certains partenaires allient les deux. Quand La Redoute m'a proposé de travailler avec eux, je me suis souvenue des heures passées avec ma sœur à regarder le catalogue quand nous étions enfants. C'était un rituel que nous n'aurions manqué pour rien au monde.

Autre partenaire de taille: Monoprix. Comme nous n'avons pas de boutiques dans toutes les villes, l'enseigne nous a permis d'avoir accès à un public bien plus large que le nôtre. Quel bonheur de découvrir la collection Maison Sarah Lavoine en entrant dans un Monoprix ou, dans un autre registre, de voir porté un maillot de bain ERES aux couleurs de notre marque. Les univers sont différents, la joie équivalente.

Comme pour un associé, les bons partenaires doivent vous être complémentaires. Sinon, on se fait plaisir mais on n'avance pas.

Quelles que soient vos motivations et l'ampleur de la collaboration, faites toujours la connaissance de vos partenaires potentiels, discutez avec eux. N'attendez pas d'avoir échangé dix mails, rencontrez-les tout de suite. Ne perdez pas de temps avec des personnes avec lesquelles vous n'aimeriez pas passer vos journées.

TROUVER LES BONS INVESTISSEURS

Quand j'ai lancé le studio d'architecture, je n'avais besoin de rien, juste d'un ordinateur et de quelques idées. Ce n'est plus le cas aujourd'hui.

Comme je n'ai pas de fonds personnels (Édouard non plus) nous avons cherché des investisseurs pour faire grandir l'entreprise au rythme que nous sentions être le bon. Dix ans après la création de la marque Sarah Lavoine, nous avons décidé d'ouvrir le capital à de nouveaux actionnaires, même si Édouard et moi restons majoritaires.

Pour trouver un associé, il faut faire une rencontre; pour trouver des actionnaires, il faut faire un choix. Nous avons fait le choix de nous associer à des experts de la décoration, attachés aux identités de marque très fortes. Autrement dit, on a choisi des actionnaires qui avaient envie de nous soutenir et pas de nous changer.

C'est une des décisions les plus importantes que nous ayons eu à prendre. Nous avons discuté pendant plus d'un an, pour faire connaissance, prendre soin de ce qui nous lie et construire une relation durable. Ensemble, on a plus de force et d'atouts pour développer la marque à l'international et pour collaborer avec de grandes entreprises qui sont pour nous des priorités.

Si vous sentez que c'est le moment pour votre entreprise de faire entrer des actionnaires, ne vous précipitez pas et prenez le temps de rencontrer tous ceux qui s'intéressent à votre marque. Ensuite, choisissez ceux qui vous impressionnent sur les marchés ou les activités que vous tenez à développer.

Avant de vous engager avec un actionnaire, il faut que vous soyez suffisamment proches pour vous comprendre, vous entendre et suffisamment différents pour progresser. Et choisissez ceux avec qui vous pourrez travailler étroitement pendant de nombreuses années.

DÉLÉGUER
(mais pas trop)

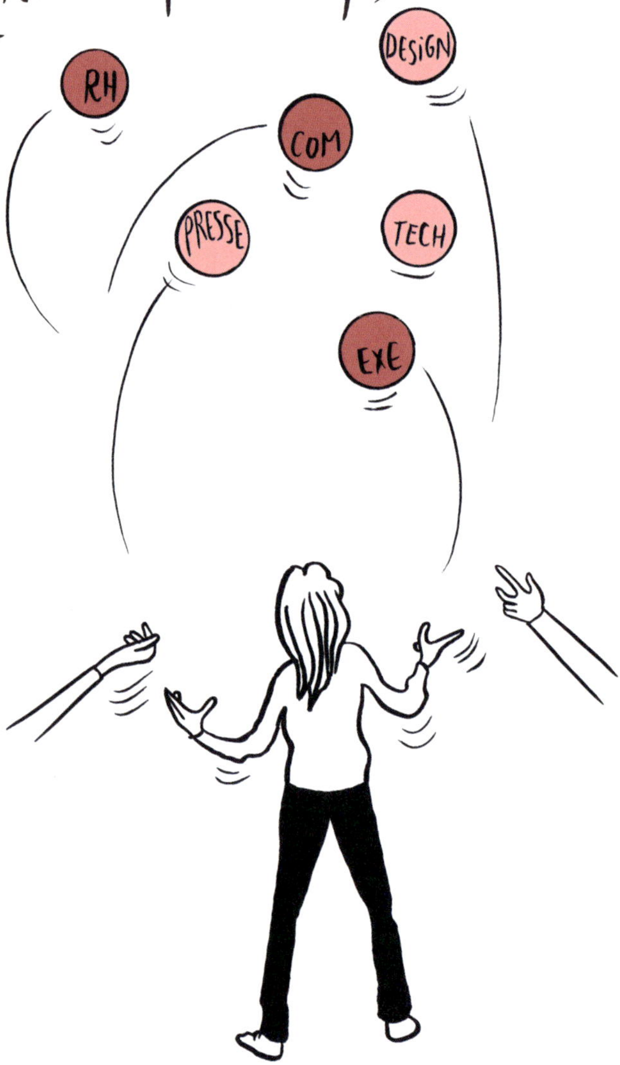

Je vois tout. Rien ne sort des ateliers sans que je l'aie validé. Nous devons être irréprochables depuis les premiers instants de la fabrication jusqu'à la dernière minute de la livraison.

Sur les réseaux sociaux, on peut masquer une publication si besoin, mais quand un produit est fabriqué, on ne peut plus rien faire.

De la conception d'une collection aux compétitions pour les plus grands chantiers, toutes nos activités impliquent de nombreuses phases de validation. Elles sont incontournables, et notre obsession pour les détails engendre des étapes supplémentaires. Je dois donc me rendre disponible autant que possible: je vais tous les jours au bureau, je laisse la porte de mon bureau ouverte… Il faut que l'équipe puisse m'interpeller à tout instant pour un avis ou une décision. Sans cela, nous perdrions trop de temps.

Les équipes sont très compétentes, autonomes et rapides; il faut éviter ce qui entrave inutilement la cadence et la fluidité.

Édouard et moi avons également mis en place un processus pour valider chaque produit de chaque gamme. Notre équipe de créateurs et de designers fait un travail formidable, nous avons de la chance. Comme nous votons à l'unanimité, il arrive que des projets qui me tiennent à cœur ne se fassent pas: c'est normal, quand ton enfant grandit, il t'échappe un peu.

Si vous êtes responsable d'une marque, et encore plus si elle porte votre nom, il faut avoir un œil sur tout, veiller sur tout ce qui sort et ne rien laisser passer qui pourrait porter préjudice à votre marque. Le sens du détail reste décisif, quelle que soit la taille de votre équipe. Il faut néanmoins recruter des collaborateurs en qui vous avez suffisamment confiance pour déléguer ce qui peut l'être. C'est un exercice de funambule.

CHANGER (ou non) D'AVIS

Créer des collections, c'est accepter d'inscrire son travail dans un temps long. Entre la période à laquelle un modèle est conçu et celle où il est mis en vente, il s'écoule en moyenne dix-huit mois (voire vingt-quatre).

C'est un temps nécessaire pour que tout soit d'excellente qualité, mais ce délai met à l'épreuve mes responsabilités de cheffe d'entreprise – et mon impatience! On se doit de toujours proposer les meilleurs produits au meilleur moment, et parfois, ce que l'on a créé des mois auparavant ne convient plus, soit parce que l'on s'est trompé, soit parce que l'on a simplement changé d'avis. Il faut alors avoir le courage d'interrompre le développement et de tout refaire.

À l'inverse, il arrive souvent que ce que l'on a créé ne puisse pas être fabriqué dans les temps impartis ou les quantités demandées. Et il n'y a rien de plus frustrant que de devoir renoncer. Parfois, comme pour les recrutements, l'intuition s'en mêle: une idée vient tout bousculer. Il est capital pour moi de me fier à mon intuition même si elle va à l'encontre de ce qui était prévu. On essaie en général de me cadrer, mais j'abandonne rarement car il faut de la passion et de l'émotion pour défendre ses projets. Quand on sent que quelque chose est juste, il faut s'obstiner et réorganiser ce qui doit l'être.

Et puis, de temps en temps, plus rien ne dépend de vous: vous voulez ouvrir une boutique à Londres mais le Brexit vous en empêche; vous êtes sur le point d'ouvrir un showroom et une épidémie de Covid 19 vous tombe dessus; vous voulez travailler avec une matière première, mais elle est en rupture ou son prix a triplé. Dans ces moments-là, rien d'autre à faire que d'accepter la réalité et de se frayer un chemin de traverse.

Changer d'avis ou de cap n'est pas confortable: c'est éprouvant pour les équipes d'avoir à tout reprendre; c'est frustrant pour les créatifs de devoir se soumettre à des contraintes industrielles ou logistiques; c'est irritant de devoir changer de méthode, de circuit ou de prestataires.

Mais ne transigez jamais avec votre exigence, ne cessez jamais de faire confiance à votre intuition. Ce sont des guides, quels que soient votre métier ou l'envie que vous poursuivez, que vous dirigiez une entreprise ou écriviez un roman. Tous les projets rencontrent des obstacles. Diriger, c'est savoir quand renoncer et quand tenir bon.

REGARDER LA CONCURRENCE

Je passe du temps à regarder ce que font les autres. Comme nous ne travaillons pas avec des cabinets de tendance, toute la création et la veille se font en interne. Observer la concurrence est donc très utile.

D'abord parce que, sur la plupart des chantiers, je fais appel à d'autres marques que la mienne et je mélange nos objets avec ceux d'autres créateurs. Être au fait de ce qui se crée est aussi une façon de savoir ce que d'autres maisons sont capables de faire, dans quels délais et avec qui. C'est une bonne occasion de se remettre en question et de progresser. Sur les réseaux sociaux, suivre des comptes concurrents est une bonne façon de voir ce que voient nos followers. Sur TikTok ou Instagram, on suit souvent plusieurs marques ou plusieurs influenceurs du même domaine.

Nous sommes dans un secteur où interviennent de nombreux acteurs, mais nous n'avons pas vraiment de concurrent direct : aucun autre studio d'architecture d'intérieur n'est associé à une marque qui possède 19 boutiques, 150 points de vente, et dans laquelle on trouve du prêt-à-porter, du mobilier, des luminaires… Cet univers, cet espace-là, nous l'avons créé et nous le défendons.

Regarder ce que font ceux qui vous ressemblent est enrichissant et stimulant. Cela exerce votre esprit critique et vous amène à vous poser une question indispensable : que pourrais-je faire de plus ou de mieux pour ma marque ?

PRENDRE DES RISQUES

Édouard et moi avons fait des choix, nous avons structuré notre entreprise à notre manière et l'avons assise sur de nombreux piliers, de nombreuses activités, ce qui lui donne de la sécurité.

Aujourd'hui, pourtant, tout est un risque. Produire de grandes quantités est un risque. Avoir trop de stock est un risque. Être trop nombreux est un risque. Être trop peu nombreux est un risque. Ouvrir des boutiques est un risque, alors que si je m'écoutais, j'en ouvrirais 5 à Tokyo. Quand on grandit, il faut rester lucide et savoir dire non quand c'est trop risqué : nous envisagions sérieusement d'ouvrir un lieu en Angleterre au moment du Brexit est arrivé, c'était frustrant mais on s'est dit qu'on allait peut-être attendre un peu…

La croissance de l'entreprise s'accompagne d'une croissance des angoisses. Difficile de trouver le juste équilibre entre les envies et la raison, entre les scénarios plausibles et les scénarios catastrophes. Être trop prudent, c'est se renouveler trop lentement et risquer de lasser. Être trop inconséquent, c'est risquer de détruire ce qu'on a créé.

Si vous avez peur de lancer un projet, cela signifie qu'il a sûrement beaucoup d'importance pour vous… ce qui est une bonne raison de le lancer ! Ensuite, il est souvent difficile de distinguer la peur d'échouer (qui doit être surmontée) de la peur d'abîmer l'entreprise (qui doit être écoutée).

Pour faire avancer la réflexion, soyez votre propre conseiller : si cette décision n'était pas la vôtre et que vous n'en portiez pas la responsabilité, que feriez-vous ? Si vous vous trompez, votre entreprise peut-elle le supporter ? Prendre un risque, c'est aussi croire en sa capacité à réparer si le vent ne tourne pas dans le bon sens.

S'ADAPTER

Toute la journée, j'entends «non»: «Non, il n'y a pas d'argent»; «Non, il y a trop de couleurs»; «Non, ça ne sortira pas à temps».

Ma double casquette de présidente et de créatrice m'impose d'écouter ces refus et de trouver des solutions pour qu'ils n'affaiblissent jamais notre créativité. Ce travail de contorsionniste va de pair avec une entreprise qui grandit. La Maison Sarah Lavoine est désormais un paquebot qui vire de bord moins vite qu'un Zodiac. Croître nécessite donc de s'adapter.

À ce titre, l'épidémie de Covid-19 a été une épreuve édifiante: aujourd'hui, quand nous avons des craintes concernant une nouvelle collection, un nouveau showroom ou un nouveau chantier, nous nous souvenons que nous avons su traverser sans drame cette période difficile. Elle nous a au contraire exhortés à innover.

Comme le disait Susan Wojcicki (qui a loué son garage aux fondateurs de Google avant d'en devenir l'une des dirigeantes): «Les choses sont toujours en train de changer. Une partie du succès consiste à être à l'aise avec le fait de ne pas savoir ce qui va se passer. Et les opportunités sont souvent [...] déroutantes et difficiles à reconnaître.»

Acceptez ce qui ne peut pas changer et profitez-en pour travailler autrement.

...

Je sais aussi repartir de zéro. Quand ma fille avait 6 ans, mon appartement a brûlé. Nous avons tout perdu, y compris ce qui concernait ma société puisque mon bureau y était installé à cette époque.

Mes vêtements, mes photos, mes tableaux, mes souvenirs… tout a disparu. Le principal, c'est que notre fille en est sortie indemne; le reste est accessoire. Je ne dis pas que rien ne me manque – j'aimerais revoir certaines œuvres ou certaines photos de famille –, mais j'ai compris à quel point je réussirai toujours à m'en sortir.

S'adapter, c'est aussi accepter ses échecs et les faire fructifier. Il y a quelques années, nous avons perdu le concours pour la modernisation du mythique terminal 1 de Roissy. J'y croyais, mais nous avons perdu en finale. J'étais tellement déçue. L'architecte retenu avait imaginé quelque chose de bien mieux que ce que nous avions proposé. Cet échec nous a permis de progresser, de prendre du recul sur ce que nous avions mis des mois à préparer, d'en tirer des leçons et idées pour d'autres projets.

Entreprendre, c'est comme le surf : il faut savoir trouver l'équilibre dans le déséquilibre… Qu'il s'agisse de météo ou de pandémies, il y a toujours de mauvaises nouvelles. Quoi qu'il arrive, vous devez toujours rester au-dessus de la vague. En cas de grosses complications, passez dessous et patientez !

ÊTRE RECONNU(E)

En 2017, j'ai été lauréate du prix Bold Woman Award de Veuve Clicquot, qui récompense l'entrepreneure de l'année. Il a été très important pour moi puisque c'est le premier que j'aie reçu.

Les décoratrices d'intérieur ne sont pas toujours prises au sérieux et l'entreprise que je développais depuis plusieurs années n'était pas justement considérée. Recevoir un tel prix me faisait passer officiellement de princesse polonaise à cheffe d'entreprise. De grands patrons commençaient à me féliciter, les rubriques business des journaux s'intéressaient à la Maison Sarah Lavoine. C'était amusant et gratifiant. Soudain, j'ai acquis une grande crédibilité.

Ce prix prouvait également que ce que nous avions accompli avait nécessité beaucoup de travail et de détermination. Il donnait symboliquement de la valeur à tous ces métiers que j'aime et que je respecte tant. Pour certain(e)s entrepreneur(e)s, la confiance en soi grandit à mesure que le chiffre d'affaires augmente; pour d'autres, c'est la notoriété. Pour ma part, cette distinction aura été décisive dans mon parcours.

J'ai ressenti également beaucoup de joie et de fierté lorsque j'ai été nommée au grade de chevalier de l'Ordre national du mérite par le ministère de l'Économie. Pas de célébration tonitruante: nous étions deux et avons demandé à un chauffeur de taxi de faire une vidéo de la cérémonie. Un moment parfait.

Quel que soit votre domaine d'activité, ces trophées peuvent vous sembler anecdotiques alors que leur impact est réel. L'audace et la soif d'entreprendre ont parfois besoin d'une validation extérieure. Félicitez celles et ceux qui reçoivent un prix et célébrez votre réussite quand c'est votre tour. La reconnaissance donne du sens aux efforts.

603

« Félicitez celles et ceux qui reçoivent un prix et célébrez votre réussite quand c'est votre tour. »

CÉLÉBRER

Quand le rythme est soutenu, les collections s'enchaînent, un chantier chasse l'autre et une dimension importante de la vie en entreprise tombe souvent dans un puits sans fond: la célébration.

Célébrer un succès est aussi bénéfique que de tirer les leçons d'un échec. C'est reconnaître tous les efforts et le talent qui ont été déployés et c'est ancrer cette sensation de victoire dans la mémoire de l'entreprise. Cette remise de médaille symbolique vient clore une période intense et permet de se projeter vers la suite.

Même si j'ai du mal à y consacrer autant de temps que je le devrais, je sais que les rituels collectifs ont un impact aussi intangible que réel. Se réunir à l'occasion d'un départ, de l'arrivée d'un(e) stagiaire, d'un anniversaire, même quelques minutes et sans nécessairement louer un Zénith, marque le temps qui passe et crée des liens qui se tisseraient plus lentement entre l'imprimante et la machine à café.

Au moins une fois par an, nous organisons un séminaire et une fête pour et avec l'équipe. Nous essayons d'envoyer le plus souvent possible une newsletter des bonnes nouvelles à tous les membres de l'entreprise. Tout le monde ne travaille pas au même endroit ni toujours au même moment donc c'est une façon de faire savoir à tous ce que les autres ont accompli et de partager toutes les raisons de se réjouir. Et puis c'est l'occasion de dire un mot fondamental: «merci».

Prenez le temps de célébrer tout ce qui mérite de l'être, du plus modeste succès à l'accueil d'une nouvelle personne dans votre équipe. Pour qu'une entreprise dure, il faut qu'elle ait plein de souvenirs à raconter.

Prendre soin

« L'attention est la forme la plus rare et la plus pure de la générosité. »

Simone Weil, philosophe.

PRENDRE SOIN DES LIEUX

Ouvrir un lieu, c'est créer une expérience immédiate et multi-sensorielle avec une marque.

Quand une personne entre dans une boutique, elle touche un sac, soulève une assiette, sent un cuir, effleure un vêtement… Mais avec le développement de la vente en ligne et la fluidité qu'elle procure, on a moins envie d'aller dans des boutiques qui se ressemblent. Nous essayons donc de concevoir des lieux inédits, de créer chaque fois une nouvelle expérience. Le parcours, l'ambiance, les services proposés, tout doit être différent d'un magasin à l'autre. La boutique de Passy est installée dans une ancienne serrurerie; place des Victoires, nous avons un restaurant; à Bordeaux, nous travaillons avec un ami coiffeur. Chacun de nos espaces doit avoir une identité, une singularité, une âme.

Nous appliquons la même exigence quelles que soient nos activités, de la vie en boutique à nos chantiers. Quand, pour L'Oréal Luxe, nous avons conçu 48 000 m² de bureaux, nous voulions qu'ils ne ressemblent pas d'un seul centimètre aux bureaux d'une autre entreprise. C'est un défi permanent. Mais quand une équipe dit qu'elle est contente de venir travailler ou qu'une cliente affirme qu'elle n'a pas vu le temps passer dans la boutique, c'est la meilleure des récompenses.

Dès que vous avez un projet qui implique une rencontre, que cela soit une boutique, un événement, un salon, il ne faut pas penser « espace » mais « expérience ». Que vos clients vont-ils voir, toucher, sentir ? Pourquoi viendraient-ils vous rendre visite et que vont-ils faire ? Le sens du détail doit être poussé à son paroxysme.

Ce n'est pas seulement un lieu qui est créé, mais une relation.

PRENDRE SOIN DE SA COMMUNICATION

Pour développer son entreprise, il faut se faire connaître. Quand j'ai lancé mon studio, il n'y avait pas de réseaux sociaux, tout se faisait par le bouche-à-oreille.

Très vite, la presse, en particulier la presse spécialisée, a pris le relais. Si on a un peu d'argent à investir dans sa communication, il faut trouver un (ou une) bon(ne) attaché(e) de presse. Même si les réseaux sociaux sont puissants et incontournables, les médias traditionnels restent indispensables. Des articles bien rédigés par de vrais journalistes dans des magazines reconnus ont un impact déterminant et installent une marque durablement, quel que soit le secteur dans lequel vous évoluez.

Sur les réseaux sociaux, nous avons deux comptes pour parler de l'entreprise : celui de la Maison Sarah Lavoine et mon compte personnel. Je réponds à tous les messages que je reçois. C'est le minimum de respect à témoigner à une personne qui pose une question ou adresse un remerciement. Les réseaux sociaux permettent ce lien direct et spontané.

Nous essayons de traduire notre univers et de produire un contenu original. Nous passons beaucoup de temps sur ce sujet, nous affinons, nous essayons de nous rendre désirables. C'est à la fois très construit et très instinctif. Le luxe sur Instagram, c'est le droit à l'erreur. Un post qui n'a pas une bonne visibilité peut être suivi trois heures après d'un autre qui bat tous les records. Il faut s'amuser autant que possible pour compenser la pression générée par les réseaux. Et puis ce qui est publié peut être effacé si nécessaire. Tout est important mais rien n'est grave.

La régularité, la sincérité et l'incarnation ont été les clés de notre réussite sur les réseaux sociaux.

Consacrez autant de temps que possible à votre communication pour créer un lien et installer votre image. Si vous le pouvez, recrutez quelqu'un pour tout gérer. Publier sur les réseaux sociaux est une des rares activités qu'on peut faire soi-même, mais c'est mille fois plus efficace d'être entouré(e) de spécialistes.

PENSER LE COUP D'APRÈS

Mon tempérament me pousse davantage à me tourner vers ce qui va m'arriver qu'à revenir sur mon passé. Comme sur un vélo, il faut que j'avance sans cesse si je veux garder l'équilibre et trouver de l'élan.

Quand je traverse des périodes mouvementées, il m'est difficile de lever la tête pour penser à la suite. Pourtant, diriger, c'est anticiper. En dehors de mon associé, personne ne peut le faire pour moi, mais certaines personnes peuvent le faire avec moi. Quand je dois prendre une décision et trouver de nouvelles idées, je fais appel à certains de mes amis dont la bienveillance et la pertinence sont totales et qui, de préférence, travaillent dans un autre secteur que le mien. Leurs regards décalés et leurs précieux conseils ont débloqué de nombreuses situations complexes.

Pour développer votre projet, il faut toujours penser au coup d'après. Mais lequel ? Pour le déterminer, sollicitez l'avis d'ami(e)s, d'ancien(ne)s collègues, à qui vous pourrez exposer vos envies et vos options. Une anecdote, un témoignage, une référence, un conseil de leur part peut suffire à ouvrir une porte au bout de l'impasse dans laquelle vous vous trouvez.

Le simple fait de formuler une question éclaircit l'esprit.

...

Les dirigeants et les personnalités politiques ont parfois recours à des astrologues, des voyant(e)s, des coachs. Que l'on accorde ou non du crédit à cette dimension mystique, elle peut faire du bien. En tout cas, elle ne fait pas de mal.

Il y a quelques années, j'ai rencontré Niseema Theillaud, dont la technique de coaching m'a emmenée là où je ne pensais pas pouvoir aller. Il s'agit de lister dix objectifs qui semblent du domaine de l'impossible. Ensuite, c'est un travail quotidien: des podcasts tous les matins, des devoirs tous les soirs et encore d'autres audios avant de dormir. Pendant 6 semaines. On fait en sorte d'éloigner toutes les pensées négatives habituelles telles que «J'adorerais mais je ne vais pas y arriver», «Je rêve de remporter ce projet mais quelqu'un sera meilleur que moi»... Il faut reprogrammer son cerveau qui a tendance à se concentrer sur les risques, les limites, les obstacles. À la place, on visualise l'objectif: on ne rêve pas d'avoir une voiture rouge, on est au volant de la voiture rouge. On imagine le projet finalisé, on le voit, on le sent, on le manipule, on s'imprègne de toutes les sensations. C'est une vraie gymnastique. Certaines personnes préfèrent ne jamais penser à leurs rêves, ne jamais les formuler. Par superstition ou pour ne jamais être déçues, ce que je comprends. Pour moi, c'est l'inverse: je me dis que ce rêve est à moi, que je l'ai entre les mains. Il faut appeler les choses à soi et guider sa chance.

Le coaching exige d'y consacrer du temps, je ne tiens pas toujours le rythme, j'abandonne en cours de route mais je sais que j'ai cette ressource à disposition. Elle m'a permis de rencontrer les bons investisseurs et de réaliser des projets personnels qui me tenaient à cœur.

Quel que soit votre projet, avoir recours à un coaching peut être décisif. C'est toujours le même principe: quand on se sent bloqué(e) ou à l'étroit, il faut demander de l'aide. Ici l'aide prend la forme d'une écoute, d'un protocole et d'un suivi.

Pour bien penser le coup d'après, il faut distinguer ses simples désirs de ses profonds objectifs et disposer d'une méthode pour les atteindre.

Mon invitée

Niseema Theillaud

coaching de vie
et psycho-praticienne
en intelligence relationnelle

« Niseema a eu mille vies. Quand je l'ai rencontrée, elle accompagnait déjà des comédiens et des créateurs dans leur développement personnel et professionnel. Sur scène comme à la tête d'une entreprise, il faut sans cesse naviguer entre la puissance de l'imaginaire et celle du temps présent. Niseema a une passion pour l'enseignement et la transmission, c'est une de ses grandes qualités. À son contact, on dépasse ses limites. »

Sarah

« La pensée est le fondement de tout ce que nous entreprenons. Nos pensées se concrétisent, se matérialisent dans tous les domaines (relationnel, professionnel, spirituel). Les pensées issues de nos traumas sont limitantes, défensives et forment un système de croyances dont il est difficile de sortir. Inconsciemment, nous répétons les mêmes schémas appris dans la plus tendre enfance au moment où notre cerveau n'était pas encore mature.

Mon coaching consiste à prendre conscience de nos pensées qui, positives ou négatives, sont toutes créatrices de résultats et d'en prendre la responsabilité (mais sans la culpabilité). Grâce à l'imagination, mon travail va s'attacher à détruire le mur de croyances qui nous empêche de vivre la vie que l'on veut vraiment, avec confiance et sécurité.

Comme des fées bienveillantes au-dessus de nos propres berceaux, nous allons nous souhaiter et imaginer le meilleur, cesser d'être en *réaction* pour aller vers *la création.*

Le travail débute par l'apprentissage et la maîtrise des outils pendant 6 semaines suivi de l'accompagnement – c'est le plus important – sur une période d'un ou deux ans. Personne n'est lâché dans la nature avec des vertiges existentiels et des polycopiés. Pendant toute cette phase, on va créer des images de son soi idéal avec des événements idéaux comme si c'était déjà fait, déjà là.

Les premiers objectifs que l'on se fixe sont souvent très restreints, il faut travailler à les élever et à les déployer. Tout part de nous, de notre façon de voir le monde et de la façon dont nous allons enfin attraper notre potentiel à pleines mains. Le langage occupe une place essentielle et donne des messages à notre inconscient. Un exemple qui a l'air anodin : combien de fois ai-je entendu "il n'y a pas de soleil aujourd'hui". Pourtant, c'est une dérive du langage, le soleil est toujours là, simplement les nuages le cachent. Changer sa perception, c'est savoir qu'il y a toujours un soleil au-dessus des nuages.

En s'affranchissant des traumatismes du passé et en visualisant très concrètement ses objectifs et son potentiel, on apprend à se respecter soi et à respecter ce(ux) qui nous entoure(nt). Apprendre à s'aimer prend toute une vie mais c'est le meilleur des chemins à parcourir. Ensemble. »

Niseema Theillaud

PRENDRE SOIN DE L'ENVIRONNEMENT

La signature de la Maison Sarah Lavoine est «Le beau fait du bien». Cette formule tourne tous les jours dans nos têtes: impossible de dissocier la fabrication d'un objet de son empreinte écologique.

Nous sommes loin d'être parfaits et nos efforts sont encore bien insuffisants, mais nous les poursuivons sans relâche. Nous privilégions les circuits courts, nous ne sous-traitons pas en Chine, nous fabriquons presque tout en France ou en Europe. Nous essayons toujours de chercher des alternatives moins polluantes, voire non polluantes. Tous les produits de la Maison Sarah Lavoine sont concernés. Par exemple, avec notre partenaire Ressource, nous proposons des peintures à la chaux - c'est une matière minérale vivante, naturelle et écologique.

Nous sommes également très vigilants à l'égard de notre utilisation du plastique. Le plastique à usage unique est un fléau. Pour le mobilier, j'ai toujours travaillé avec très peu de matières synthétiques et privilégié les matériaux plus naturels. Pour les emballages, nous menons un travail de fond sur l'usage du plastique et cherchons d'autres options comme le papier kraft, le carton recyclé ou les pochons en coton bio qui protègent nos produits tout en limitant l'impact environnemental.

Le meilleur moyen de lutter contre la surconsommation reste de ne pas consommer du tout. Alors, nous faisons en sorte que nos produits soient pérennes. Nous veillons à choisir des matières de qualité qui traversent le temps - les objets deviennent encore plus beaux en se patinant. Nous sommes à l'opposé de la *fast-fashion*. Cela peut sembler paradoxal quand on dirige un business de souhaiter que les clients ne consomment pas trop souvent, mais c'est incontournable. La dimension environnementale est à prendre en compte dès la création de votre entreprise, de votre ligne de produits, dès le choix de vos partenaires, pour que votre activité soit la moins nocive possible. Le chemin est long pour changer ses habitudes, alors autant s'y prendre de la bonne manière dès le départ.

En matière d'écologie, il est difficile de rester complètement optimiste, mais nous pouvons au moins rester dans l'action. Un pas après l'autre, il faut commencer quelque part et chercher sans cesse à progresser. Tous les gestes comptent.

ACCOMPAGNER
DES ASSOCIATIONS

La grande majorité de nos produits sont fabriqués en France ou en Europe. Pour certains savoir-faire, nous faisons appel à des spécialistes au Maroc ou au Vietnam.

Nous travaillons notamment avec l'atelier Beldine, une association qui accompagne de jeunes femmes marocaines pour qu'elles acquièrent un métier, une autonomie financière et davantage de liberté.

L'entreprise ne donne pas d'argent à ces associations, mais nous faisons en sorte de leur passer des commandes, même si cela ne rentre pas au départ dans le plan de collection. Nous adaptons nos lignes et les volumes à ce que les artisanes peuvent produire sans difficultés. Elles ont un savoir-faire que nous ne maîtrisons pas, nous avons des boutiques et des chantiers pour vendre leur production: cette complémentarité assure de la stabilité et une collaboration durable. Le lien entre nous est mille fois plus important que la rentabilité.

En France, notre accompagnement prend une autre forme: nous concevons des lieux pour des fondations ou des associations. Nous avons par exemple refait les salles des soignants des Hôpitaux de Paris et créé des lieux pour les Cafés Joyeux dont les fondateurs souhaitent mettre en valeur les compétences de personnes atteintes de handicap cognitif et notamment de trisomie. Au départ, les fondateurs des Cafés Joyeux m'avaient appelée pour dessiner une simple boîte de café et cela s'est terminé par un design global de la plupart de leurs espaces.

Le rythme infernal de l'entrepreneuriat ne permet pas d'accepter toutes les demandes d'associations mais quand vous le pouvez, foncez. Les projets sont stimulants, les relations très enrichissantes et les équipes seront ravies d'utiliser leur talent pour donner un coup de main. À l'inverse, si vous travaillez pour le monde associatif, n'hésitez pas à demander de l'aide à des entreprises susceptibles de vous être utiles. Vous aurez probablement de bonnes surprises.

TROUVER SON RYTHME

Je travaille tout le temps. Je dors très peu et ne m'éloigne jamais de mon téléphone. Ce n'est pas forcément un modèle à suivre mais je ne sais pas faire autrement.

Être cheffe d'entreprise, c'est être sa propre limite. Si je n'avance pas, personne n'avance pour moi; si je ne m'arrête pas, personne ne m'arrête, à part mon corps parfois. Un jour, à New York, je ne pouvais plus poser le pied par terre: fracture de fatigue. Je ne savais pas que cela existait: tout va bien, tu travailles, tu t'endors et, au réveil, tu as le pied cassé. L'enfer. Mais j'ai pris une béquille et je suis repartie.

En dehors de ces moments qui me contraignent à ralentir, je tiens ce rythme et j'aime cette allure. Mon cerveau tourne en boucle, je ne suis jamais complètement en vacances, rarement loin de mes mails. Ce n'est pas l'entreprise qui me l'impose, c'est moi. Ne pas subir fait toute la différence. J'ai le privilège d'avoir pu installer mes bureaux près de mon appartement et de l'école de mes enfants, ce qui m'a toujours évité de passer la moitié de la journée à traverser Paris. C'est la même chose pour les rendez-vous: j'essaie de limiter autant que possible le temps de trajet. En tant qu'entrepreneur(e), on est lancé dans un marathon qui va durer plusieurs années.

Que vous ayez besoin de 4 ou de 8 heures de sommeil, le plus important est de trouver la cadence qui ne vous abîme pas et que vous pourrez tenir aussi longtemps que vous le souhaitez.

« Le plus important est de trouver la cadence qui ne vous abîme pas et que vous pourrez tenir aussi longtemps que vous le souhaitez. »

PRENDRE SOIN DE SON TEMPS

Une règle à appliquer chaque jour : ne jamais être en retard. Ma journée est millimétrée. Si je commence à ne pas respecter les horaires prévus, c'est la catastrophe et c'est irrespectueux pour les autres.

Édouard et moi n'avons personne pour nous assister. Je gère mes rendez-vous, prends mes billets de train, appelle l'Assurance-maladie. La vie quotidienne prendra toujours de la place, il faut l'accepter.

Un autre principe me guide : je fais tout, tout de suite. Si je lis un texto, j'y réponds, si je dois prendre une décision, je le fais ; je ne reporte rien. Cela demande une grande discipline, mais cela libère mon esprit de toutes les petites choses qui encombrent les *to-do lists*. Pour moi, tout ce qui prend moins de deux minutes doit être réglé immédiatement.

J'applique enfin une forme de disponibilité choisie : mes enfants passent avant tout et je suis toujours joignable pour eux. Même si j'étais en réunion avec Michelle Obama, je répondrais à mes enfants !

Si vous vous lancez dans l'entrepreneuriat, le temps est ce que vous avez de plus précieux. Adaptez-vous aux changements mais pas aux retards. Tenez vos engagements et définissez vos priorités, de façon claire et inflexible.

Kelly

PRENDRE SOIN DE SA FAMILLE

Comme pour tous les parents, mes trois enfants sont la priorité absolue. Ils ont des âges différents, des personnalités différentes et ils ont besoin de moi pour des raisons différentes.

C'est un flux ininterrompu de questions et de demandes. Et une fois devenus autonomes, que me demandent-ils ? De prendre un chien…

On m'a déjà demandé : « Comment fais-tu ? ». C'est assez simple : je n'ai pas le choix. Comme la plupart des femmes, je ne peux pas me poser la question de me lever ou non, d'aller travailler ou non, de préparer le dîner ou non. Nous sommes là pour leur apporter de l'amour et de l'équilibre. Pour leur épargner des inquiétudes et les pousser du bon côté de la vie.

Il serait indécent de me plaindre de quoi que ce soit, mais les mères portent une charge constante. La vie est une course permanente ; les enfants comme le travail, cela ne s'arrête jamais. Je suis un mur porteur.

Davantage encore que le rythme, le plus difficile pour moi, c'est la culpabilité. Je ne suis pas une maman d'école, je me rattrape avec les vacances et nos rituels familiaux. Je ne pars jamais avant leur petit-déjeuner et repasse toujours par la maison si je dois ressortir. Cette régularité, cette stabilité sont essentielles.

Les enfants ne demandent jamais comment vous allez, c'est normal. Les miens ont parfois du mal à comprendre à quoi ressemblent mes journées. Je devrais sûrement leur expliquer ce que je traverse comme tout le monde.

Quand les enfants sont suffisamment grands pour l'entendre, il est important qu'ils se rendent compte de ce à quoi il faut faire face quand on travaille. Il ne s'agit pas de se décharger, mais de leur faire prendre conscience de notre réalité et de les préparer à ce qui les attend.

TRANSMETTRE DES VALEURS

Le plus important pour moi est de transmettre à mes enfants la curiosité, le sens de l'effort, l'appétit pour le monde et pour les autres.

J'essaie de perpétuer l'éducation que j'ai reçue, stricte du côté de ma mère, plus permissive du côté de mon père et dans les deux cas fondée sur le respect. Le défi est de rester fidèle à ce que m'ont légué mes parents tout en m'amusant beaucoup plus. Nous n'avons pas de patrimoine ni de trésor caché mais de mon père j'ai hérité d'un nom, d'un goût, d'une façon d'être au monde. Et de l'amour pour le Maroc et le bassin d'Arcachon, où je passais tous mes étés comme l'ont toujours fait ensuite mes enfants.

Je soutiens toutes leurs envies, mais mes enfants savent dès leur plus jeune âge que rien de bon ne leur arrivera en restant tranquillement sur un canapé. Le goût du travail est une valeur cardinale dans notre famille. Il faut les motiver et parfois les secouer tout en faisant en sorte qu'ils se sentent encouragés et en sécurité.

J'aimerais qu'ils soient toute leur vie sensibles à la beauté de ce qui les entoure sans jamais la dissoudre dans l'habitude. Il faut rester attentif et émerveillé face à la beauté d'un tableau, d'un paysage, d'une nuance de couleur ou d'une perspective. Même si on l'a vue mille fois.

Susan Sontag aurait eu ces mots qui font écho à la fois à mon éducation et à ma vie de créatrice : « Agissez. Avec détermination et curiosité. N'attendez pas que l'inspiration vous précède ou que la société vous prenne par la main. Faites attention à ce qui vous entoure. Il suffit de faire attention. L'attention, c'est la vie. Elle vous connecte aux autres. Elle vous donne l'envie. Gardez l'envie. »

DES HABITUDES QUI RESSOURCENT

Je travaille en partie pour pouvoir prendre des vacances avec mes enfants et passer de longs moments avec eux. Chaque année, nous partons au moins une fois tous ensemble.

J'essaie de les emmener dans des endroits qu'ils ne connaissent pas, dans des villes qu'ils n'ont jamais visitées. Quand j'étais enfant, mon père nous emmenait partout, ma sœur et moi. Avoir été contrainte à la sédentarité pendant l'épidémie de Covid-19 m'a montré à quel point voyager, même dans la ville d'à côté, était une source de joie et de créativité.

Tout me plaît dans le voyage, y compris ce qui l'entoure : j'adore l'atmosphère des gares et des aéroports ; les trajets en train me laissent du temps pour lire alors que j'ai du mal à le faire à Paris. La perspective de rentrer la tête remplie de nouvelles couleurs et de nouvelles idées m'enthousiasme aussi beaucoup. J'aime tout : partir, découvrir et revenir.

À Paris, je tente de préserver quelques heures de temps en temps pour prendre soin de moi : un détour chez le coiffeur ou un massage dès que je le peux. Pour les femmes, la pression sur le corps reste forte malheureusement. Nos corps sont scrutés, évalués, jugés et nous passons bien plus de temps que les hommes à faire en sorte qu'ils correspondent aux attentes extérieures. Il est parfois difficile de faire la différence entre les soins que l'on fait pour soi et les soins que l'on fait pour les autres.

Quand on a une vie professionnelle mouvementée, on a souvent besoin d'habitudes et de rituels qui nous font du bien. Ces repères structurent, soulagent et rassurent.

Dans l'idéal, il faut parvenir à préserver des rituels à la fois individuels et collectifs. Un appel ou un verre hebdomadaire avec une copine, une routine au réveil, un déjeuner familial. Nul besoin d'aller sur Neptune, les habitudes les plus simples suffisent à vous ancrer. Seule compte la régularité.

LES AMIS, LA FÊTE, LA JOIE

Je n'aime pas être seule. Ma fille me dit que je dois apprendre à l'être, je ne comprends pas pourquoi. Je ne suis pas faite pour cela, je suis très bien avec moi-même mais j'ai besoin d'un échange, d'un regard, d'une présence.

Au bout de quelques heures, la solitude m'angoisse. J'aime être entourée, j'aime voir mes amies, dîner avec mon amoureux, j'aime la complicité, la joie, la fête. J'aime prévoir un dîner pour 6 et que l'on se retrouve à 12. J'aime savoir que j'ai une soirée de prévue, j'aime que mes enfants passent à l'improviste avec leurs amis et que nous cuisinions tous ensemble.

Je conçois les espaces chez moi de façon à ce que mes proches aient envie d'y rester. Mon père m'a transmis ce goût de la convivialité et de l'hospitalité. J'aime créer des lieux qui rassemblent, où l'on se crée des souvenirs. C'est un remède aux contrariétés et au temps qui passe. Un autre bon remède ? La fête. Quand j'ai passé une mauvaise journée, rien ne me fait plus de bien que d'aller danser. Pour cela, je peux compter sur des amitiés de longue date, sur un entourage solide, fidèle et joyeux. J'aime les relations qui durent.

Pour réunir mes proches, je crée des lieux parce que c'est ce que je fais de mieux mais que vous choisissiez de vous retrouver par la cuisine, le sport ou n'importe quelle passion, ce qui compte, c'est de se rassembler.

Quand on développe une entreprise, l'inconnu nous attend à chaque coin de rue. Pour tenir bon dans cette incertitude constante, il faut se ménager des moments de stabilité et de familiarité, de légèreté et de tendresse.

Créer

« À l'origine de toute connaissance, nous rencontrons la curiosité. Elle est une condition essentielle du progrès. »

Alexandra David-Néel, aventurière.

S'AFFRANCHIR DES TENDANCES

Je suis résolument anti-tendances: une tendance est engloutie par la suivante; comme la mode, elle se démode. J'aime ce qui dure, ce qui se patine, ce qui se mélange.

Toutes les époques ont leurs coups de génie, tous les courants peuvent vivre ensemble si on sait faire les bons choix. Quand j'ai appris le métier d'architecte d'intérieur auprès de ma mère, j'ai appris à combiner les courants, les couleurs, les meubles. On peut aussi bien vivre avec un buffet du XIXe siècle qu'avec une table basse ultra-contemporaine. Avoir du style, c'est savoir concilier les univers. Et il ne faut jamais se laisser imposer le goût des autres. Comme disait ma grand-mère: «Chacun a son mauvais goût».

J'adore porter des vestes de football vintage que d'autres trouveraient immettables. Ce qui compte, c'est d'oser une teinte, une association, un coup de cœur. Chez Maison Sarah Lavoine, nous sommes obsédés par l'atemporalité. Nous voulons créer des objets, des lieux, des vêtements qui tiennent bon face au temps et deviennent de plus en plus beaux à mesure qu'ils sont portés ou utilisés.

S'affranchir des tendances est indispensable si vous voulez installer votre activité dans le temps. Les tendances sont des informations et non des guides. S'y conformer, c'est entrer dans une spirale infernale: ce qui est en vogue sera obsolète avant même que vous ayez eu le temps de le fabriquer, et cela marche aussi pour les idées. Vous aurez tout le temps le sentiment de courir derrière un train qui ne s'arrête jamais.

En suivant votre propre trajectoire, vous préserverez durablement votre identité et votre singularité.

EXPLORER
D'AUTRES
VOIES

En construisant mon entreprise, j'ai découvert et appris plein de métiers. En parallèle, j'ai embrassé des rôles qui n'avaient rien à voir avec ce que je fabriquais toute la journée.

Par exemple, j'ai été jurée de plusieurs prix littéraires. Cela m'a permis de lire des livres avec lesquels je n'aurais jamais fait connaissance et d'en dévorer une dizaine ou une vingtaine en un temps record. Pendant les délibérations, on débat, on s'emballe, on s'extasie. J'adore. C'est une grande source de joie et de stimulation intellectuelle.

L'émission de télévision *Design by Sarah Lavoine* m'a également beaucoup apporté. On tournait dans des endroits merveilleux; nous pouvions montrer les coulisses d'un hôtel ou visiter le Grand Palais en solitaire. Sans oublier mes premiers livres qui ont été mes meilleures cartes de visite.

Plonger dans d'autres univers, occuper d'autres fonctions m'a permis d'élargir le cercle de mes connaissances, de raconter différemment les projets de Maison Sarah Lavoine voire de la faire découvrir à des personnes qui n'en avaient jamais entendu parler.

Il arrive parfois qu'on vous propose de participer à un événement, de rejoindre une association ou de monter un projet qui n'a rien en commun avec celui que vous portez. Acceptez au moins l'un d'entre eux, même si vous n'êtes pas sûr(e) de vous et même si vous ne comprenez pas les raisons pour lesquelles on vous fait cette offre.

Exercer d'autres métiers, d'autres fonctions, est une façon d'aller piocher de nouvelles idées tout en créant un nouvel espace pour parler des vôtres. La limite reste invariablement la même: le manque de temps.

SA VOIR REGAR DER

Je suis une observatrice avant d'être une créatrice. Pour créer, j'ai besoin à la fois d'aller au bureau et de m'en évader. D'aller me promener, d'observer les toits de Paris ou le jardin au bout de la rue.

Certaines personnes marchent la tête baissée, concentrées sur leur téléphone. Moi, je marche toujours la tête en l'air: je regarde les balcons, les fenêtres, le ciel. Peu importe où je suis, je lève le nez. Mes parents m'ont tous les deux appris à être curieuse et à observer les détails. Les détails d'une photo, d'un tableau, d'un monument, tout mérite notre attention. Et tout est une source de création: même les vieilles boucles d'oreilles de ma grand-mère sont devenues une lampe. Un destin inattendu.

Créer, c'est savoir regarder et aussi savoir noter! J'ai très longtemps gardé un carnet que j'adorais mais maintenant tout se trouve sur mon téléphone. Il faut noter tout de suite ce qui vous vient en tête. On se dit toujours qu'on va s'en souvenir mais les fulgurances créatives sont comme les rêves: le plus intéressant disparaît de notre mémoire en premier.

Si votre créativité s'assèche, sortez. Installez-vous où vous voulez et notez précisément tout ce que vous voyez. Sans réfléchir, sans organiser, soyez juste concentré(e) sur ce qui est à quelques mètres de vous, même une simple table dans un restaurant. Choisissez un objet, une œuvre, un coin de ciel et observez-le, épuisez-le. Le cerveau se charge ensuite de faire des associations et les nouvelles idées vont se précipiter dans votre esprit.

Tout mérite d'être regardé.

S'INSPIRER DE LA NATURE

La nature brute me fascine. Je peux me perdre dans un coucher de soleil ou une perspective parfaite en pleine montagne.

Les textures, les ombres, les sons… la nature est en métamorphose perpétuelle. Parfois, le vert d'un camélia sur un balcon change d'une heure à l'autre, selon l'exposition ou la température. Ces variations donnent des idées pour créer des teintes, des harmonies ou travailler la forme d'un objet.

La nature est prolifique mais elle ne donne pas tout au premier regard. L'abondance se mérite et requiert de l'attention. Quand on écoute soigneusement le chant d'un oiseau, on entend peu à peu tous les autres; quand on observe le mouvement d'une feuille, on perçoit mieux la force du vent. L'attention fait éclore des sensations. L'association des formes, des matières et des couleurs et l'ingéniosité de la nature sont des sources inépuisables de création pour tous les métiers: des ingénieurs aux designers, tout le monde peut trouver une réponse en se promenant dans une forêt ou au bord de l'eau.

Quel que soit votre domaine d'activité, pour débloquer votre créativité, mettez votre cerveau au milieu de la nature. Elle s'occupera du reste.

« Pour débloquer votre créativité, mettez votre cerveau au milieu de la nature. Elle s'occupera du reste. »

S'INSPIRER DE LA LUMIÈRE

J'ai grandi à Paris, mais passé mes vacances entre le Maroc et le bassin d'Arcachon, deux lieux très différents qui, ensemble, ont développé chez moi une grande sensibilité à la lumière.

Celle d'un coucher de soleil ou celle de l'aube quand on quitte le Cap-Ferret me fascinent toujours. Je ne m'en lasserai jamais. Je fatigue tout le monde avec cet émerveillement, surtout mes enfants. Je ne comprends pas comment on peut se plonger dans son téléphone quand on a la chance d'assister à ces moments-là. Ça ne change pas, ça ne changera pas.

À Paris, c'est pareil: traverser les Tuileries un jour d'été, voir le soleil se refléter sur le plafond du Grand Palais ou la Seine prendre la couleur du ciel m'inspirent toujours. Un rayon de soleil peut être le point de départ de toute une collection.

Pour rédiger *La Ferme africaine*, Karen Blixen s'est installée dans un village au nord du Danemark où se rencontrent la mer Baltique et la mer du Nord. La luminosité y est si particulière qu'un groupe de peintres baptisés «Les peintres de Skagen» s'y étaient même établis à la fin du XIXe siècle. Karen Blixen y a repris tous les fragments de son journal et les notes prises pendant ses années passées au Kenya pour écrire un des livres que j'aime le plus au monde. Karen Blixen aurait écrit un tout autre roman si elle n'avait pas partagé son temps entre ces deux lieux si singuliers.

Si vous voulez libérer votre esprit, levez la tête de ce livre et regardez pendant quelques minutes ce que la lumière change autour de vous: une ombre qui se déplace, une couleur révélée, un alignement inattendu? Que voyez-vous maintenant qui vous échappait avant? Appliquez la méthode à vos préoccupations du moment: déplacez-vous autour de votre sujet comme la lumière le fait autour des objets.

La créativité se nourrit de mouvement et la lumière en offre à chaque instant.

L'IMPORTANCE

DES VOYAGES

Du rose des remparts de Marrakech au bleu Sarah découvert en Inde, ma marque n'aurait pas été la même si je n'avais pas voyagé. Chaque ville, chaque pays fait exploser dans mon regard une couleur, un dégradé ou des contrastes.

Impossible d'oublier un cerisier en fleurs à Kyoto au mois d'avril. Mais aujourd'hui, on a tout de même un peu moins envie de prendre l'avion toutes les deux minutes. Heureusement, on a de la chance : en quelques heures de train, on peut être exposé à une diversité incroyable d'architectures, de paysages et d'ambiances. La lumière dans le sud de la France n'a rien à voir avec celle du Nord, un chalet dans les Alpes peut faire émerger autant d'idées qu'une façade à Lisbonne.

Voyager me contraint à changer mes habitudes, à être surprise. Comme le dit Nicolas Bouvier dans *L'Usage du monde* (1963), « On croit qu'on fait un voyage, mais bientôt c'est le voyage qui vous fait ou vous défait ». Quand je voyage, je suis plus disponible à ce qui m'entoure, je me laisse faire. C'est ce déplacement-là qui fait bouillonner ma créativité.

Quand on développe un projet, il est parfois plus utile de partir trois jours sans but à la découverte du monde ou de la ville d'à côté que de rester à batailler devant son ordinateur.

ROOH RANG
500%
NON-EDIBLE

L'IMPORTANCE DE L'ART

Il ne se passe pas une semaine sans que j'aille voir une expo, un concert ou un film. La nature et les voyages sont essentiels à ma créativité mais dans ma vie parisienne, l'inspiration vient aussi des artistes.

Si j'entre dans un musée avec une question, j'y trouve une réponse, et si j'y vais sans but, je repars toujours avec une nouvelle idée. Une forme dans un tableau d'Ellsworth Kelly est ainsi devenue une applique et une peinture de Mark Rothko, un papier peint. Les arts visuels sont loin d'être mes seules sources d'inspiration : dans ma gamme de peintures, on retrouve le bleu de *La Piscine* avec Romy Schneider ou le rouge de la robe de Nastassja Kinski dans *Paris, Texas*. *Gymnopédie n°1* d'Erik Satie a même inspiré la courbe d'un canapé. Tout ce que je vois nourrit mon esprit et, tout à coup, en pleine nuit, une idée émerge. Rien n'est immédiat mais tout est lié.

J'admire celles et ceux qui ont un talent que je n'ai pas, j'aime que les œuvres agissent sur le corps avant de toucher mon esprit. Je ne me lasse de rien, j'ai envie de tout partager, avec mes amis, mes enfants, mon équipe.

Avec votre équipe ou des partenaires réguliers, prenez des places aussi souvent que vous le pouvez pour une exposition, une conférence, une séance de cinéma. Ces moments développent une sensibilité collective, tissent des références communes et offrent une bouffée de créativité. C'est joyeux, stimulant et utile.

...

Entre les nouvelles séries, les anciennes qu'on n'a pas vues et les réseaux sociaux, il est parfois difficile de résister à toutes ces tentations pour ouvrir un livre. Pourtant, la lecture a toujours eu sur moi un effet apaisant.

Plonger dans un roman de Karen Blixen, d'Annie Ernaux ou de Joyce Maynard me propulse immédiatement dans d'autres univers que l'on retrouve dans certaines de mes créations. Ces moments sont à peu près les seuls où je suis concentrée et non en train de faire mille choses à la fois. J'ai lu quelque part que la lecture diminuait le stress et améliorait la créativité en développant notre capacité à traiter des informations et à faire des liens entre les idées. Et une part significative des mots que nous employons vient directement de ce que nous lisons. Dans mon métier, trouver le mot juste est crucial: pour formuler une idée à mes designers, raconter un projet à l'équipe, convaincre un client. Être lectrice m'aide à être une meilleure créatrice.

Le temps manque souvent mais il faut essayer d'avoir toujours un livre sur soi, dans son sac ou son téléphone et en lire quelques pages dès que possible. Au cours de nos journées de travail, il est difficile de trouver le temps nécessaire (même si on y arrive pour Instagram), alors le meilleur moment pour le faire est sûrement avant de dormir.

5 minutes de lecture suffisent à diminuer l'anxiété et à trouver le sommeil... même après deux épisodes de votre série Netflix.

Mon invité

Philippe Starck

créateur

«Philippe Starck c'est le génie par excellence. J'ai eu la chance de le rencontrer dès l'adolescence et je l'ai toujours profondément admiré. Il a une idée à la seconde. J'adorerais être dans sa tête pour comprendre comment elle fonctionne. Quand j'ai monté mon entreprise, il m'a tout de suite encouragée. Entendre de sa part: "Vas-y, n'aie pas peur" m'a portée. J'aime les gens qui ont un regard bienveillant et vous donnent de l'élan.»

Sarah

«Je n'ai jamais voulu être designer, c'est le design qui m'a choisi. Je savais dessiner, je savais créer, et comme je n'avais strictement aucune ambition, ni but, j'ai fait ce qui est venu à moi dans la vie: le design. Je n'en suis pas particulièrement fier, car le design ne peut pas créer ou sauver des vies, mais il a le devoir de rendre service pour tenter d'améliorer l'existence.

J'aurais voulu faire ce que j'appelle un "vrai" métier, qui sert. Par exemple, être un grand scientifique, mais pour cela, il aurait fallu que j'aille à l'école. J'aurais voulu être un homme politique, et servir directement notre communauté. J'aurais aimé être un grand compositeur de musique, mais pour cela, il faut de la mémoire. Il m'a toujours manqué quelque chose d'essentiel pour faire un métier qui m'aurait intéressé davantage.

En revanche, je ne cesserai jamais de créer. La créativité est notre légitimité à exister. Plombier·e, instituteur·ice, designer·euse, femme ou un homme politique, chacun dans son domaine se doit d'être créatif. C'est ainsi, seulement, que l'humanité peut poursuivre son évolution.

Pour créer, je travaille toujours seul, au milieu de nulle part, au sommet de la montagne, au milieu de la forêt, des dunes et de la boue, face à mon bureau, muni de mon bloc de calque A4 et de mon criterium japonais. Je recommande de ne pas lire les journaux, de ne pas regarder la télévision, ne pas aller dans les cocktails, mais de vivre comme un ermite. Il faut que toutes les idées viennent de soi, qu'elles ne soient pas issues d'influences extérieures. La seule façon de pouvoir apporter au monde une idée fraîche, c'est qu'elle vienne de vous. Qu'elle soit bonne ou mauvaise, l'important est que vous l'ayez conçue avec un engagement total, avec la plus grande honnêteté, la plus grande largeur d'esprit et la plus grande générosité.

Je ne réfléchis jamais, je ne pense jamais. J'ai un monstre en moi, qui s'appelle le subconscient, qui travaille en permanence sur tout ce que je connais et tout ce que je ne connais pas. Ce subconscient me livre les réponses à des questions que je ne me suis quelquefois jamais posées. Même pour des questions très anciennes, la livraison se fait en quelques dixièmes de seconde. Je n'ai plus qu'à imprimer cette réponse.

L'intuition occupe une place primordiale dans mon travail. Ce sont toujours des intuitions très vérifiées par la suite, construites. Mon père était ingénieur aéronautique et j'ai appris à dessiner sous sa table de travail : pour qu'un avion vole, il faut le créer et pour pas qu'il ne s'écrase pas, il faut être rigoureux. Je suis extraordinairement rigoureux afin de donner aux objets une voix nouvelle. Une chaise qui parle de chaise, je ne vois pas trop l'intérêt. Une chaise qui parle d'une jeune femme qui s'assoit, qui pense à son fiancé, c'est déjà le début d'une histoire, le début d'un rêve…

Toute ma vie, j'ai essayé d'éviter d'avoir un style. J'évite toute forme de tendance, qui est le contraire de l'écologie, et je transgresse toujours les règles. Mon fil rouge est la logique. Que je travaille sur une station spatiale, une brosse à dents, un instrument médical, une moto, des meubles ou des hôtels, c'est toujours le même processus. Je me demande pourquoi je le fais, quelle est la légitimité à exister de cette création, comment je peux aider mes amis à travers ce projet. Je suis très ennuyeux, très strict. À partir de là, je connais exactement mon objectif et je suis libre de l'interpréter de la meilleure façon, d'une façon intemporelle, qualitative et fantaisiste. Il s'agit toujours de la même structure mentale qui aboutit à la même qualité intemporelle. Les choses doivent être créées avec le minimum, elles doivent être intelligentes, honnêtes et durables. Ce qui n'exclut pas l'humour, la poésie et surtout l'amour. »

Philippe Starck

ET RECOMMENCER

Créer, c'est comme aller à une fête : on manque parfois d'énergie au départ mais une fois lancé, le plus difficile, c'est de savoir s'arrêter.

Pour l'angoisse de la page blanche comme pour les retouches de dernière minute, un seul antidote : les contraintes de temps. Avoir un timing serré est le meilleur moyen d'être créatif. Quand nous bouclons un chantier, nous devons respecter la date qui a été fixée ; si nous voulons présenter une collection, qu'elle soit prête ou non, c'est en septembre ou en janvier. Cette pression m'empêche très souvent de dormir mais elle est aussi un catalyseur d'idées. Vous pouvez en faire un outil si votre cerveau est en panne de créativité : travaillez comme si vous deviez rendre votre projet le soir même, que ce soit une stratégie de communication pour un client, un roman en trois tomes ou toute une ligne de produits. Évidemment, vous n'arriverez pas au bout mais au moins, vous aurez fait les premiers pas et ils vous donneront l'élan pour faire les suivants.

Une fois qu'on est sur le bon chemin, on a envie de pousser ses envies jusqu'au bout et on entre dans la phase des « et si ? » « Et si j'ajoutais ceci, et si je modifiais cela. » L'exigence doit être portée jusqu'au dernier millimètre, mais elle ne peut échapper à la réalité. Parfois, si on veut tenir les délais, on ne peut plus rien changer et il faut savoir ranger ses pinceaux.

L'intérêt d'en finir avec une idée ? Vous allez pouvoir vous attaquer à un nouveau projet. Et tout recommencer.

Jean Royère
Martin Parr
PETER LINDBERGH
MARC HELD
HENRI CARTIER-BRESSON
LEGACY
CHARLOTTE PERRIAND
Andy Warhol

05

Fixer des priorités et leur être fidèle

06

Garder en tête que tout peut être utile

07

Être exigeant(e) et avoir le goût de l'effort

08

Stimuler sa créativité par tous les moyens

09

Bien s'entourer et prendre soin de ses relations

10

Dire merci !

Dans ma bibliothèque

10 livres qui m'ont émue, changée, portée

Just Kids

de Patti Smith

Pour l'intensité et le romantisme. Pour le récit des débuts. Pour la ferveur de New York dans les années 1960 et 1970. Pour la naissance de la relation entre Patti Smith et Robert Mapplethorpe. C'est le livre que j'ai le plus offert jusqu'ici… et ce n'est pas fini!

La Promesse de l'aube

de Romain Gary

Ce livre fait partie de ceux qu'on lit trop tôt et qu'on redécouvre avec joie quelques années plus tard. Pile au moment où je me questionnais sur ce qu'on transmettait ou non à nos enfants. Et puis Romain Gary et moi avons un peu de Pologne en commun!

La Ferme africaine
de Karen Blixen

Et tout ce qu'a écrit Karen Blixen. Je suis fascinée par la vie de cette femme forte et indépendante. Elle a géré une ferme en Afrique orientale pendant vingt-cinq ans et le raconte dans ce livre qui a inspiré le film *Out of Africa* avec, en cadeau, Meryl Streep et Robert Redford.

Où vivaient les gens heureux
de Joyce Maynard

Ce roman parle de ce qui compte le plus pour moi: la famille, l'amour, les lieux. J'ai adoré la subtilité et la justesse de l'écriture. Impossible de lâcher ce livre. J'y ai puisé quelques réflexions sur les relations qui changent et la découverte de soi.

La Carte postale
d'Anne Berest

J'ai découvert ce livre lors d'un prix littéraire dont j'étais jurée. J'ai été très émue par cette enquête menée par Anne Berest sur sa famille et ses origines, après que sa mère a reçu une carte postale anonyme. À la recherche de ce qui nous lie.

Les Années
d'Annie Ernaux

«Elle voit l'avenir comme un grand escalier rouge»: les descriptions, la précision, le sens du détail, le flottement de l'âme, tout est irrésistible dans l'écriture d'Annie Ernaux. Entre *Les Années*, *La Place* ou *L'Événement*, difficile de choisir...

Saul Leiter: rétrospective 1923-2013
de Margit Erb (dir.)

Cette rétrospective permet de se plonger dans la délicatesse du travail de Saul Leiter, un de mes photographes favoris – avec Richard Avedon, Mona Kuhn et Joseph Szabo. J'aime sa maîtrise des couleurs et des reflets, et son regard unique sur la ville.

Philosophie de la maison
d'Emanuele Coccia

Je me suis intéressée à ce philosophe après avoir appris qu'il avait déménagé encore plus souvent que moi et consacré un livre à ce à quoi je dédie mes journées: les lieux qu'on habite. «On construit des maisons pour aimer», écrit-il. Ce sujet qui concerne tout le monde est traité de façon passionnante et sensible.

La collection «Travel»

Quelle que soit la destination, les livres de cette collection d'Assouline sont magnifiques, même si j'ai bien sûr une préférence pour le titre *Marrakech*. Toutes les couvertures sont sublimes et suffisent à vous envelopper de beauté. Préparez vos tables basses et vos bibliothèques!

Être à sa place
de Claire Marin

Comment trouver sa place? Doit-on la prendre ou l'inventer? Existe-t-elle vraiment? Cet essai examine une formule que l'on utilise souvent mais dont il est difficile de faire le tour. Claire Marin a aussi écrit *Rupture(s)* et *Les Débuts*: autrement dit, cette philosophe a une réponse à apporter à toutes les grandes phases de notre vie!

Petit Pays
de Gaël Faye

Ce roman sur la douceur de l'enfance, le bonheur qui vous abandonne, la puissance des livres – ces «génies endormis» – et sur la beauté des choses, «même sous un ciel tortionnaire», est d'une élégance infinie.

Oui, il y en a 11.

Dans mon téléphone

Les raisons pour lesquelles mon téléphone n'est jamais loin

7h04

Mon rituel du matin: lire le post quotidien de Marie Robert sur son compte **@philosophyissexy.** Un thème différent chaque jour et une bonne façon de commencer la journée avec un peu d'altitude.

8h26

Pour m'informer en dehors des médias traditionnels, je regarde comme tout le monde beaucoup de vidéos de **Brut,** sur l'appli ou sur Instagram. Je suis aussi des comptes comme Le Média positif ou Blast.

9h

Pour la musique, j'ai une passion pour l'appli **Radiooooo** qui permet de voyager dans le monde et dans le temps et de trouver plein de playlists inédites. Pour les podcasts, **Radio France** propose de quoi tenir pendant les cinquante prochaines années.

11h47

Même frénésie pour les comptes de décoration, avec une préférence pour **@cabanamagazine,** @chairchaise, @theoblist ou @goodmoods.
Je m'inspire, je chine et j'envoie des messages à toute l'équipe.

14h30

De @petaouchnok à @nytimestravel, je suis évidemment de nombreux comptes Instagram dédiés au voyage, mais celui qui arrive en tête est **@cntraveler** : inspirations, adresses, sélection d'hôtels... tout est canon.

16h12

Instagram me permet aussi de suivre des photographes ou des illustrateurs dont j'admire le travail. Le compte de **Jean Jullien** par exemple est un trésor.

18h

Impossible de passer à côté de la galaxie **Goop** pour des conseils beauté et *lifestyle* ou de celle du ***New York Times*** qui a un compte dédié pour tous les sujets qui m'intéressent, de la littérature à la cuisine.

19h19

Quand je veux publier une vidéo, je me tourne vers une appli très pratique : **8mm Vintage Camera.** Elle permet de monter des vidéos depuis son téléphone. Hyper rapide, hyper facile.

22h21

À propos de vidéos, **Arte** et **Arte à suivre** sont des mines d'or pour découvrir de nouvelles séries, de nouveaux documentaires et de nouveaux artistes. Jamais décevant.

Minuit

Et s'il y a une appli à laquelle je rends souvent visite, c'est **Scrabble Go.** On joue en solo, à plusieurs, en ligne... comme on veut. Et on essaie de placer « wu » (un dialecte chinois) en mot compte triple : deux lettres, 33 points !

Dans mon bureau

Des idées, des ressources, des conseils pour entreprendre

Trouver de l'inspiration dans le parcours des autres

- Dans *L'Art de la victoire*, Phil Knight raconte la création et le développement de son entreprise et de sa marque Nike. Ce récit trépidant se lit comme un roman. Dans *Confessions d'un entrepreneur… pas comme les autres*, Yvon Chouinard, le fondateur de Patagonia, donne quelques clés à ceux qui s'interrogent sur la direction à donner à leur projet ou à leur entreprise.

- Robert Greene, l'auteur de *Power : les 48 lois du pouvoir*, reprend les principaux conseils extraits de ses best-sellers dans des vidéos publiées sur son compte Instagram.

- Dans les *master classes* Bold by Veuve Clicquot, on croise des femmes passionnantes comme Sophie Fontanel ou Aurélie Jean. Ces cours sont gratuits, il suffit de s'inscrire sur le site, ce qui donne accès à toute une base de données d'entrepreneures.

- Si vous préférez les podcasts, de nombreux épisodes des *Héritières*, du *Gratin* et de *Génération Do It Yourself* sont consacrés à la vie des entrepreneur(e)s. Un(e) invité(e) par épisode.

Et, bien sûr, vous pouvez plonger dans le vortex des TED Talks, qui offrent toujours une réponse à la question du moment.

Trouver des réponses aux questions de la vie quotidienne

- Si vous vous demandez comment mieux gérer votre temps, prendre de bonnes décisions, stimuler votre cerveau ou entretenir de bonnes relations au bureau, Fast Company propose des articles – pour la plupart en accès libre – en collaboration avec des chercheur(e)s et des expert(e)s. La rubrique « Ask a boss » du site The Cut fournit également des ressources précises pour les salarié(e)s et les entrepreneur(e)s.

- À propos des relations, la spécialiste du sujet est Esther Perel. Ses recommandations sur Instagram pour améliorer la communication et renforcer les liens s'appliquent à la fois à la vie professionnelle et à la vie personnelle.

- La question de l'argent est au cœur des journées des entrepreneur(e)s: si vous voulez lancer une entreprise, investir un peu d'argent ou mieux négocier vos tarifs ou votre salaire, Plan Cash, Ellevest, Voxe ou Spoune donnent des outils et des réponses très concrètes. De son côté, le collectif Sista aide les femmes à trouver des financements.

- Pour surmonter votre syndrome de l'imposteur, vous pouvez écouter l'épisode du podcast *Émotions* consacré à ce sujet. Sur la récurrente question des choix et des méthodes, les vidéos de la docteure Ellen Langer, prof à Harvard, livrent une approche singulière et efficace.

Et pour gagner une heure par jour, lisez *La 25e Heure*, qui déborde de conseils pratiques pour mieux employer son temps.

Développer ses compétences

- Chaque année, le forum ELLE Active, auquel j'ai déjà participé, organise des conférences, ateliers et coachings pour se sentir mieux dans sa vie professionnelle. La programmation est très dense et l'ambiance très sympathique.

- Pour trouver le mot juste et rédiger des textes fidèles à ce que vous avez à l'esprit, vous pouvez suivre les ateliers de l'école Les Mots qui enseigne plein de techniques de narration qui vous seront utiles à l'écrit comme à l'oral. Vous pourrez aussi terminer le roman que vous avez commencé à écrire il y a trois ans et qui traîne dans un tiroir de votre bureau…

Comprendre et agir

- Au sujet de la transition écologique, les comptes et podcasts de Bon Pote, Vert et le Greenletter Club sont très pédagogiques et donnent des pistes pour limiter l'impact de nos activités sur l'environnement. Le blog de la marque de vêtements Loom analyse avec pertinence et humour les ravages du low cost, du traitement des déchets et de la surconsommation.

Crédits

Photographies

Francis Amiand: pages 30, 45 , 84, 86, 108, 116, 117, 120, 132, 150 et 160
Dimitri Coste: page 109
Eléana Bailleul: page 53
François Darmigny: pages 10 et 52
Sylvia Galmot: couverture, pages 105 et 131
Amaury Laparra: page 12
Lucas Lehmann: pages 31 et 133
Julia Petroff: pages 36, 43, 85 et 161
François Roelants: pages 25 et 154
Matthieu Salvaing: page 80

Citations

Sally Ride, page 15:
extrait de *To Space & Back*,
Sally Ride et Susan Okie,
Harper Collins (1986)

Simone Weil, page 89:
extrait de *Correspondance (Le Bruit du temps)*,
Lettre du 13 avril 1942,
Simone Weil et Joë Bousquet,
éd. L'Age d'homme (1982)

Alexandra David-Néel, page 121:
extrait des entretiens avec l'écrivain
Michel Manoll (France Culture 1954),
repris dans l'émission du
26 décembre 2017 sur France Culture,
«London, David-Néel, St-Exupéry,
Bouvier et Tesson: écrivains
et voyageurs, par Alisonne Sinard»

Emanuele Coccia, page 153:
extrait de *Philosophie de la maison, L'Espace domestique et le bonheur*,
éd. Payot et rivages (2021)

De la même autrice

Couleurs Sarah, petit guide à l'usage des coloristes débutants
Éditions du Chêne, 2019

Chez Moi: Decorating Your Home and Living Like a Parisienne
Abrams Image, 2016

Ainsi soit style
Éditions de La Martinière / Fayard, 2015

Architecture intérieure
Éditions de La Martinière, 2010

The End